Robert Wunsch | Irmgard Monecke
Pädagogischer Populismus

Robert Wunsch | Irmgard Monecke

Pädagogischer Populismus

Mit Beiträgen von Michael Wildt und Angelika Wulff

Die Autor_innen

Robert Wunsch, Prof., Dr. phil, Dipl-Päd., Dipl.-Soz. Therapeut, Studium der Philosophie, Sozialwissenschaft und Erziehungswissenschaft. 15 Jahre Erfahrungen in der Forschung, der Praxis- und Angebotsentwicklung und in der Durchführung von Modellprojekten. Leiter und Gründer des Instituts für pädagogische Beratung. Dozent an der Ruhr-Universität-Bochum und der Westfälischen Wilhelms-Universität Münster. Professur für Sozialpädagogik an der Evangelischen Hochschule Berlin.

Irmgard Monecke, Jg 1949, vormals Gymnasliallehrerin und didaktische Leiterin einer Gesamtschule, arbeitet als Schulentwicklungsberaterin für das IfpB (Institut für pädagogische Beratung Münster). Ihre Arbeitsschwerpunkte sind: Individualisierung, Schulen des gemeinsamen Lernens und autobiografisches Schreiben.

Dieses Buch ist erhältlich als:
ISBN 978-3-7799-6869-6 Print
ISBN 978-3-7799-6870-2 E-Book (PDF)

1. Auflage 2022

in der Verlagsgruppe Beltz · Weinheim Basel
Werderstraße 10, 69469 Weinheim

Herstellung und Satz: Ulrike Poppel
Druck und Bindung: Beltz Grafische Betriebe, Bad Langensalza
Beltz Grafische Betriebe ist ein klimaneutrales Unternehmen (ID 15985-2104-100)
Printed in Germany

Weitere Informationen zu unseren Autor_innen und Titeln finden Sie unter: www.beltz.de

Inhalt

Prolog

Angelika Wulff

(K)Ein Vorwort

Seit Sommer vergangenen Jahres bin ich freiberufliche Mitarbeiterin des Instituts für pädagogische Beratung[1], das sich zugleich als Lerngemeinschaft aller am Beratungsprozess teilnehmenden Personen und Institutionen versteht.

Der Aufforderung seitens der beiden Hauptautor*innen, für dieses Buch einen einleitenden Text zu verfassen, habe ich gerne Folge geleistet. Vorschlag für einen Ausgangspunkt: Sokrates! Die Klassische Archäologin und Althistorikerin in mir rieb sich die geistigen Hände.

Und so kam es, dass ich nach einer längeren Pause wieder Aristophanes' *Die Wolken*[2] las und mir die Parallelitäten zur Gegenwart im Jahre 1 der Regierung Biden/Harris in den USA bzw. der 1 Jahr alten Covid-19 Pandemie[3] (daher auf das Jahr 2021 n. Chr. zu datieren), erst so richtig bewusst wurde. Geprägt durch das gegenwärtige Erleben der Gefahren für Humanleib, Volkskörper und Demokratien, die von Rechtspopulisten ausgehen[4], wirkte der zeithistorische Kontext des Theaterstücks[5] verstörend tagesaktuell. Es vertiefte sich bei mir der Eindruck, dass Aristophanes mit den *Wolken* zugleich das Genre Erziehungs(tragik)komödien – heute z. T. als Realsatire aufgeführt – erfand. Wie komme ich zu dieser Hypothese?

Aristophanes schrieb die Komödie, in der der 46-jährige Sokrates eine zentrale (Witz)Figur ist, im Jahre 423 v. Chr. – zumindest wurde sie in diesem Jahr auf der Bühne des Athener Dionysos-Theaters unterhalb der Akropolis uraufgeführt.

Es herrscht Krieg (der Peloponnesische[6]) und die Folgen einer furchtbaren epidemischen Seuche (die Athener Pest, von der Thukydides berichtet), die nur eine Strafe der Götter für die Frevel der Menschen sein kann, sind noch nicht überwunden. Und mit beidem, Krieg und Pest, beginnt die Komödie.

Und dann gibt es da einen Polisbürger namens Sokrates, der die Götter verleugnet und die Jugend verdirbt, indem er sie auffordert, sich selbst eine Meinung zu bilden und auf Autoritäten nicht zu hören, denn die hätten ja keine Ahnung. Die würden ja nicht einmal merken, dass sie nichts wissen.

Sokrates war daher im zeitgenössischen Deutungshorizont einer unerklärlichen, noch nie dagewesenen Epidemie eine tödliche Gefahr. Und das in doppelter Hinsicht: gefährlich für die Bewohner, weil – und das ist mythologisch bewiesen – Götter leicht zu verärgern sind und Gottesfrevel für Menschen zu thantalischen Qualen in Ewigkeit führen können.

Gefährlich aber auch für den Stadtstaat Athen als Demokratie, weil die Polis die Folgen der Tyrannis noch nicht überwunden hatte und Sokrates sich von den Oligarchen nicht eindeutig abgrenzte, sondern dem politischen Tagesgeschehen sehr kritisch gegenüberstand und sich mit Freunden umgab, die das Scheitern der Demokratie begrüßt hätten. Sokrates wird daher nach geltendem Recht angeklagt (mit der sog. Asebie-Klage) und als er seine Richter vor die Wahl stellt, ihm für seine Verdienste um den Staat ein Festbankett auszurichten oder ihn zum Tode zu verurteilen, entscheiden sich die Richter für Letzteres.

Seuche, Krieg und Infragestellung von Fachkompetenz: Kommt einem alles irgendwie sehr gegenwärtig vor … *Historia magistra vitae* non *est*?[7] Aber anderseits: Sokrates, der pädagogische Populist und zugleich Sokrates der Philosoph, dessen Name ein EU-Bildungsprogramm trägt – wie unlogisch![8] Das allein schon ist eine Paradoxie, die pädagogisch gebildete Leser*innen verächtlich schniefen lässt.[9]

Sokrates wurde der Götter- bzw. der Gotteslästerung beschuldigt, ihm wurde vorgeworfen, er würde die Jugend verderben. Sokrates wurde zum Tode verurteilt und wird heute als wichtiger pädagogischer Theoretiker gefeiert.

Was nun sollen die Philosophen Sokrates (†399 v. Chr.) und der bekannteste Philosoph Deutschlands, Richard David Precht, mit Gerald Hüther, Michael Hüter und Michael Winterhoff (alle Generation Babyboomer) gemeinsam haben?

»Dass sie die Jugend mit einer reformierten Pädagogik erziehen wollten und wollen«, werden Sie vielleicht nun antwortend denken.

»Dass sie mit ihren publikumswirksamen Forderungen nach einer neuen, reformierten Pädagogik viel Unheil anrichten könn(t)en, wenn sie nicht in Frage gestellt und zum kritischen Diskurs mit denen herausgefordert werden, die diese ›Reformen‹ praktisch umsetzen sollen: Das öffentliche Schulsystem, die Schule vor Ort und die Lehrer*innen, die von Universitäten und (Fach-)Hochschulen entsprechend ausgebildet werden müss(t)en«, geben die Autor*innen dieses Bandes im wahrsten Sinne des Wortes zu bedenken.

Diskutiert sowie philosophiert wird seit Anbeginn der Pädagogik darüber, was die ›richtige‹ Erziehung sei und welche Ziele und Inhalte sie haben müsste. Die Antworten und wie gut oder schlecht sich bestimmte Erkenntnisse, Botschaften und Forderungen verbreiten, bestimmen das pädagogische Tagesgeschehen.

Umfangreiche Bücher mit komplizierten Her- und Ableitungen sind in Zeiten begrenzter Zeit- und Aufmerksamkeitsspannen kaum mehr verkäuflich, erst recht nicht, wenn z. B. YouTube-Channels und Mediatheken von Fernseh- und Rundfunkanstalten eine Fülle von Material bereithalten, die sofort auf drängende Fragen der Kinder- und Jugenderziehung und -bildung eindrückliche Antworten bereithalten. Und es gibt Experten, die es offenbar – oder scheinbar? – schaffen, in dieser Informationsflut den hilflos nach Orientierung Suchenden die Richtung zu weisen.

Ein Aufruf bei zum Beispiel YouTube von populären Autoren wie Michael Hüter, Gerald Hüther, Richard David Precht und Michael Winterhoff bringt im Internet in Sekundenbruchteilen Hunderte, sogar Tausende, gelegentlich auch Hundertausende Ergebnisse zu Themen wie Kindererziehung, Theorien zu Erziehung und Kritik an pädagogischen Institutionen. Die Anzahl der Aufrufe geht dabei konform mit der Skandalisierung des dem Beratungsangebot unterlegten Zustandes.

Welchen Sinn ergibt es also, ein für den deutschsprachigen Raum und das staatliche Schulsystem untersuchtes Phänomen wie den Pädagogischen Populismus theoretisch zu diskutieren? Geht es nicht auch ein paar Nummern kleiner?

Kurz gesagt: Nein.

Wer Erziehung und Bildung in einem derartigen *frame*[10] nachdenkt, stellt Grundsatzfragen. Grundsatzfragen sind jedoch weder schnell noch einfach zu klären. Unter Berücksichtigung der Regeln moderner Aufmerksamkeitsökonomie machen die in diesem Buch vor- und in Frage gestellten ›Experten‹ alles richtig – und stellen auf diese Weise unfreiwillig bloß, *wie* gefährlich gerade jetzt Inhalt und Form ihres Denkens, Sprechens und Schreibens sind.

Wie alles begann: Sokrates

Mit Sokrates, so Philosophiehistoriker, begann die Philosophie als Profession des Nachdenkens über den Prozess des Denkens selbst. »Was ist Wissen?«; »Was ist Wahrheit?« waren zentralen Fragen sokratisch-platonischer Philosophie. Und mit der Unterscheidung von einem richtigen, echten, wahren und ewig gültigen Wissen und einem unwichtigen, fragwürdigen und sich permanent verändernden kurzfristigen (Fach-)Wissen; mit der Differenzierung von nur bedingt gültigen, zeitlich begrenzten Wahrheiten und *der* überzeitlich-allgemeingültigen Wahrheit trat ein Problem in die Erziehungswelt, über dessen Lösung wir bis heute diskutieren. Denn damit stellten sich die bis zur Stunde ungelösten Fragen: Wenn die gesellschaftspolitische Bedeutung der Kinder- und Jugenderziehung sehr hoch ist – welche Erziehung und Bildung brauchen wir dann? Welches Wissen und welche Kompetenzen sind unverzichtbar?

Für die schallend lachenden Besucher der Dionysien von 423 v. Chr. war die Sache klar: Der zu diesem Zeitpunkt nicht nur auf dem Athener Marktplatz, der Agora, sondern weit über Attika hinaus berühmt-berüchtigte Sokrates stand für Selbstsucht, Dummschwätzerei und Verdrehung von Wahrheiten zum Eigennutz. Sokrates ermunterte die Jugend zu Lügen und Gottlosigkeit, er lehrte sie, die rhetorischen Mittel einer Rede wichtiger zu nehmen als deren Inhalt. Sie sahen mit eigenen Augen und hörten mit eigenen Ohren, wie Sokrates mit wohlgeschliffenen Worten und absurder Logik seinem Gesprächspartner förmlich alle Sinne vernebeln konnte. Und Aristophanes machte ihn deshalb zur Lachnummer. Denn der Titel *Nephelai* (*Die Wolken*) der Komödie erklärt sich in dem Dialog zwischen Sokrates und seinem Nachbarn Strepsiades, der für seinen missratenen Sohn einen Lehrer sucht. Sokrates stellt die Wolken als die einzigen Götter vor. Zeus, sagt er, gibt es nicht. Er glaube an keinen Gott außer »ans Chaos, die Wolken und die [beredte] Zunge, diese drei«.

Nicht das In-Frage-Stellen von Gewissheiten und Lehrmeinungen per se ist fragwürdig und gefährlich, sondern wer, warum, wie mit welcher Intention zu welchem Zeitpunkt an den Fundamenten von Erziehung und Bildung rüttelt. Ziel und Zweck bestimmen Inhalt und Form von Erziehung.

Richard David Precht, Gerald Hüther, Michael Hüter und Michael Winterhoff haben mit Sokrates (†399 v. Chr.) gemeinsam, dass sie die zeitgenössische Pädagogik kritisieren und skandalisieren. Sie empören sich in ihren Vorträgen, Interviews, Videos und Büchern über die gegenwärtige Erziehung und ihre Folgen und nehmen gegenüber dem deutschsprachigen staatlichen Schulsystem (genauer: Deutschland und Österreich) eine ablehnende Haltung ein.

Sokrates, der *die* Wahrheit suchte und aussprach[11], ausgerechnet *diesen* Sokrates als Sophisten, einer, der gar der Jugend beibringe, wie sie die Wahrheit in ihr Gegenteil zu verdrehen habe, zu bezeichnen, ist ein undifferenziertes, einseitiges Fehlurteil. Ihn als Beispiel für einen Populisten, einen pädagogischen gar, zu kennzeichnen, ist ein ahistorisches und somit falsches Etikett.

Gleichwohl liegt der Reiz des Vergleiches in einem Gedankenspiel um Intentionen, Auftreten und Wirksamkeit der zeitgenössischen und hier vorgestellten pädagogischen Populisten.

Was aber ist für uns, heute, Populismus? Erklärungsversuche dazu folgen, aber fangen doch erstmal klein an mit Versuchen einer etymologischen Annährung. Sie enden schnell in der Mehrdeutigkeit entscheidender Begriffe: Populismus kommt von *populus*, lateinisch: das Volk, und ist eine moderne Wortschöpfung, für die der Duden zwei Bedeutungen kennt: Handelt es sich bei der zweiten Bedeutung um eine »literarische Richtung des 20. Jahrhunderts, die bestrebt ist, das Leben des einfachen Volkes in natürlichem realistischem Stil ohne idealisierende Verzerrungen für das einfache Volk zu schildern«, so ist die erste Definition die Form, an die wir meistens denken, wenn wir den Terminus ›Populismus‹ hören, sehen und schreiben: »1. von Opportunismus geprägte, volksnahe, oft demagogische Politik, die das Ziel hat, durch Dramatisierung der politischen Lage die Gunst der Massen (im Hinblick auf Wahlen) zu gewinnen (Gebrauch Politik).«[12] Fragt man das Bundesministerium für politische Bildung, so ist er »ein häufig genutzter Begriff. In der politischen Auseinandersetzung taucht er als Stigmawort auf, um andere Politiker oder Parteien zu diffamieren. In der Wissenschaft wird er z. B. benutzt, um bestimmte Programme, Positionen und Kommunikationsweisen zu beschreiben. Eineindeutig ist Populismus jedenfalls nicht.«[13]

Und doch! Wir wollen versuchen etwas mehr Licht in die ›umwölkte‹ Problematik zu bringen, denn es gibt Handelnde im pädagogischen Feld, die auf der

Suche sind nach gedanklichen Anstößen zum Umgang mit pädagogischen Populisten. Uns treibt also ein Anliegen. Als Beratende wissen wir, wie erstaunlich viele Aspekte in pädagogische Prozesse störend hineinwirken können, und das manchmal sogar bei bester Absicht aller Handelnden.

Wir beginnen in der Einleitung mit einer Darstellung vier zentraler Anzeichen, die den Begriff Populismus politisch und im pädagogischen Bereich grundieren und versuchen diese handhabbar zu machen. In Kapitel 1 stellen wir dann vier Beispielautoren vor, die mit lautstarker Kritik unseres Bildungssystems öffentlich in Erscheinung treten. Die Darstellung der Texte dient auch der Überlegung, wie und warum die Pädagogik aus Nachbardisziplinen immer wieder belehrt wurde und wird, geht aber auch in Kapitel 2 den Fragen nach, wie hohe öffentliche Verbreitung Echos begünstigt und mit welchen Mitteln der Beeinflussung medial gearbeitet wird.

Wie gesellschaftliche und sich schnell verändernde mediale Verhältnisse Skandalisierungen besonders wuchern lassen, ist die mit-gedachte Nebenfrage und auch, wie diese folgend Wirkung auf pädagogische Praxis entfalten. Die Möglichkeit der Nutzer*innen zur direkten und ungefilterten öffentlichen Meinungsäußerung bewirkt hier – wie in anderen Lebensbereichen – offenbar sehr viel weniger als erhofft die Eröffnung öffentlicher Diskurse, sondern dient oft eher der Affektabfuhr.

Pädagog*innen haben sich mit populistischen Phänomenen, die oft in öffentliche Verachtung pädagogischer Akteure gekleidet auftreten, verschiedentlich beschäftigt und sie in die Entwicklung ihrer eigenen Disziplin eingeordnet. Wir stellen einige anregende Beispiele dar (Kap. 3), finden aber weiterhin die Frage unbeantwortet, wie zukünftig mit Populisten aus der Fachwissenschaft umzugehen sein wird. Nach einer journalistisch geführten Entlarvung der Mittel der Populisten – dazu auch einige Beispiele – wird ihnen ja offenbar weiterhin das Feld der Beeinflussung frei überlassen – oder etwa doch nicht?

Sokrates stellte seine Richter vor die Wahl: Festbankett oder Verurteilung? Das Ergebnis ist bekannt, die gedankliche Parallele ebenso bedenklich wie obskur. Die Aufmerksamkeit der Öffentlichkeit wäre eine Art Festbankett, wer wären denn die Richter, die sich das Urteil über ›die richtige Pädagogik‹ erlauben könnten?

Unser Vorschlag dazu ist der Einstieg in eine öffentliche Diskussion in ›Flitnerscher Manier‹ (Kap. 4): Einzelne Aspekte aus ihrer skandalisierten Form wieder auffüllen zur ›Diskursreife‹ und populäre Einmischung der Erziehungswissenschaftler*innen! Also nehmen wir Nachhilfeunterricht bei Flitner und stellen seine Haltung dar am Beispiel von *Konrad, sprach die Frau Mama.*[14]

Im letzten Teil werden wir ganz und gar konkret: Mit der direkten Einwirkung der pädagogischen Populisten auf die innere Qualitätsentwicklung von Schulen beschäftigen wir uns nicht nur kritisch, sondern auch durch Aufzeigen von Alternativen für eine Lernende Schule, aus unserer Sicht durchaus das oft vermisste Positive![15]

Einleitung

Politischer und pädagogischer Populismus

Populismus? Viel definitorisches Geraschel umgibt den Begriff, Umdeutungsmaßnahmen, Unschärfe bei gleichzeitiger Schärfe des Pejorativen zum Zweck der politischen Beschimpfung[16] (»CDU-Chef wirft SPD ›puren Populismus‹ vor«[17]). Wozu aber taugt ein derart schillernder Begriff, wenn er nicht zum Verstecken, zum Beschimpfen oder Abwehren genutzt wird? Wir wollen ihn verwenden, weil er uns hilfreich erscheint, um auf einen Trend aufmerksam zu machen.

Ob Populismus generell eine Gefahr für demokratische Systeme darstellt, ist strittig (Mounk 2018), relativ unstrittig aber, dass die grundlegende Komplexität einer repräsentativen Demokratie die Gefahr birgt, dass Teile der Gesellschaft sich ausgegrenzt fühlen aus dem *Wir* der zusammenwirkenden Kräfte. Die populistische Dynamik, die in diesem Zusammenhang gesellschaftlich bedeutsam werden kann, entfaltet – je nach ideologischer Unterfütterung – unterschiedliche Wirkungen in einer Kultur.

Die Ereignisse um die Präsidentschaftswahlen in den USA 2020/21 zeigen, wie brandgefährlich ideologisch unterlegter Populismus wirken kann. Auch die Tatsache, dass die Verfassungsorgane der USA funktioniert haben, ändert nichts an dem Effekt, dass dieser Geist aus der Flasche geschlüpft ist und weiterhin eine Nation spalten wird. Die europäischen Verhältnisse sind komplexer, zeigen aber in einigen Staaten ähnliche Strukturen. »Die Durchsetzung rechtspopulistischer, rechtsradikaler oder rechtsextremer Bewegungsparteien in der Mehrzahl der kapitalistischen Länder hat nun auch Deutschland erreicht.«[18], stellt Hajo Funke 2016 fest. (Funke/Nakschbandi 2016, zitiert nach Funke/Mudra 2018). Das *Populismusbarometer 2020*[19] scheint allerdings »vor allem in der politischen Mitte« (Vehrkamp/Merkel 2020, Startseite) rückläufige Tendenzen ausgemacht zu haben. Wie schwierig die definitorische Eingrenzung ist, zeigt in diesem Zusammenhang der Hinweis in der Einleitung des Barometers auf mögliche Radikalisierungen am rechten Rand.[20] Wenn Populismus lediglich als Politikstil definiert wird, kann die erste Aussage (rückläufige Tendenz) für plausibel gehalten werden; wenn ideologische Unterfütterung und Populismus interagieren, wird die Beurteilung der Effekte ungleich komplexer.

Trotzdem: Begriffe sind Mittel zur Erkenntnis der Welt, indem sie Phänomene der Realität unter gedanklichen Aspekten zusammenfassen und so besser begreifbar machen. Die Begriffsdefinition von Populismus variiert, aber einige grundsätzliche und wiederkehrende Merkmale lassen sich extrahieren. Um uns der von uns durch Beobachtung gewonnen Annahme zu nähern, es gebe einen Einfluss massenhaft verbreiteter pädagogischer Anschauungen von Nicht-Pädagogen auf die Erziehungspraxis, nehmen wir aus der recht weit gediehenen Beschreibung der Vielfalt des politischen Populismus die wichtigsten Anzeichen und parallelisieren sie mit Erscheinungen des Populismus im pädagogischen Bereich.

Die heuristische Mutmaßung, es gebe einen solchen Einfluss, werden wir mit exemplarischen Beobachtungen unterlegen, um dann genauer auf die Mittel der Beeinflussung, die Inhalte und die Rolle der Erziehungswissenschaft zu schauen.

Im Wissen um die Unschärfe des Begriffs nehmen wir ihn also doch, um ein altes und zugleich neues Phänomen der Pädagogik aus verschiedenen Winkeln zu beleuchten und auf eine Bewegung aufmerksam zu machen, die von den etablierten Erziehungswissenschaften wohl nicht übersehen, aber doch teilweise ignoriert wird. Dabei erscheint uns der Hinweis wichtig, dass der pädagogische Populismus durch Multimedialität in den letzten Jahren massiv an Dynamik gewonnen hat.

Wir bewegen uns bezüglich der ausgewählten Publikationen etwa im Bereich von 2013 bis 2020 und haben die vier populärsten Vertreter (Precht, Winterhoff, Hüther und Hüter), die sowohl im Bereich der Printmedien als auch viral sehr aktiv sind[21], als Beispiele herangezogen. Der Fokus liegt auf der Betrachtung von schulischer Bildung und Erziehung, weil es hier ein hohes öffentliches Interesse gibt.

Bezüglich der Darstellung der Literatur, die sich mit populistischen Phänomenen und deren Erklärung beschäftigt, gehen wir zeitlich weiter zurück (etwa 2007 bis 2014), weil derzeit (noch) wenig kritische Stellungnahmen zu den von uns vorgestellten Texten vorliegen und uns die Deutungsansätze grundlegend für eine weitere Diskussion erscheinen.

Mit *Konrad, sprach die Frau Mama... Über Erziehung und Nicht-Erziehung* von Andreas Flitner (Flitner 2000, Erstauflage 1982) möchten wir auf ein Beispiel aufmerksam machen, das zeigt, wie mit kritischen Einwürfen klug und im Ton nahezu populär umgegangen werden kann. Dahinter steht der Gedanke, dass wissenschaftlich korrektes Sprechen auch für Praktiker*innen lesbar sein könnte und damit der Reiz der vereinfachenden Populisten unterlaufen würde.

Im fünften Kapitel wird dann ein Beratungspraktiker zu Wort kommen, der darlegt, warum und wie der pädagogische Populismus die innere Schulentwicklung stört.

Eine fruchtbare Auseinandersetzung über Schule definieren wir so, dass möglichst wissenschaftlich nach bestimmten Standards und plural diskutiert und entschieden wird. Zielführend scheint uns ein systemtheoretischer Ansatz zu sein: Wir reden hier ja von gesellschaftlichen Subsystemen, denn Schulen sind unter anderem ein Abbild der umgebenden Kultur und reagieren auf diese.

Zunächst werden wir gängige Definitionen vom politischen Populismus auf

Merkmale abklopfen, die auch für einen pädagogischen Populismus gelten und daraus Schlussfolgerungen für Möglichkeiten des Handelns der Erziehungswissenschaft und -praxis ziehen.

1. Merkmal von Populismus: Wir sind das Volk

Wahre politische Populisten nehmen die Kernaussage »Wir – und nur wir – repräsentieren das wahre Volk« (Müller 2020, S. 26) für sich in Anspruch.

Bestandteile dieser Definition von *Wir* werden nicht aus deren Merkmalen selbst, sondern aus einer Art Gegendefinition gewonnen: Ausgrenzung *der anderen*, die je nach inhaltlicher Ausrichtung rechts oder links der politischen *Wir*-Linie liegen oder deren Unterscheidung rassistisch motiviert ist. Immer Bestandteil des *Wir* ist die anti-elitäre und anti-pluralistische Attitüde.

Übertragen auf pädagogische Populisten hört sich das so an: Nur wir haben Erkenntnis darüber, wie Schule sein sollte. Die Abgrenzung geschieht nicht über eine Beschreibung dieser Erkenntnis, sondern eher in scharfer Kritik an den bestehenden Strukturen, Institutionen und der dort tätigen Menschen. Dabei ist kein Zufall, dass das Lieblingsobjekt der Kritik der Populisten das gesellschaftliche Subsystem *Schule* ist. Und es ist kein Missgeschick, sondern nur logisch, dass die ausführenden Menschen ins Feuer geraten, weil die Kritik an Institutionen weniger mit Emotionen aufladbar ist, die von Personen jedoch sehr wohl.

Indem wir weiter parallel zum politischen Populismus denken: Wenn – wie behauptet – die Eliten sich nicht kümmern oder inkompetent sind, ist die Frage nach der Rolle der Erziehungswissenschaft bezüglich des pädagogischen Populismus auf böse Art und Weise implizit gestellt. Mangelnde Kompetenz steht nicht zu vermuten, eine gewisse Zurückhaltung darf aber konstatiert werden.

2. Merkmal von Populismus: Dramatisierung

Die Dramatisierung der Lage ist ein populistisches Grundmittel, das die Möglichkeit eröffnet, sich folgend als Retter zu gerieren oder zumindest Rettung zu versprechen. Dabei werden möglichst glatte, häufig unterkomplexe Antworten auf komplexe Fragen angestrebt, um die Sehnsucht der Menschen nach einfachen Lösungen zu bedienen. Zudem spielt den Populist*innen in die Karten, dass es zunehmend Fragestellungen gibt, denen die demokratisch legitimierten Volksvertreter*innen nicht mehr gewachsen sind. Die dann hinzugezogenen Experten wecken häufig das Misstrauen der Bürger dadurch, dass Lösungen für nicht diskutierbar erklärt und daher in der Folge durch Politiker*innen als »alternativlos« dargestellt werden.

Der pädagogische Populist präsentiert sich hier in der Rolle des Experten, der die alleinige Kenntnis zur Lösung der Probleme hat und mit dieser um Anhängerschaft wirbt. Seinen Fans stellt er sein exklusives Wissen zur Verfügung und bietet einfache Lösungen, die zumeist radikal abstrakt sind, weil verschwiegen wird, dass entscheidende Merkmale vernachlässigt wurden, so dass der ›*pädagogische Endverbraucher*‹ nicht viel damit anfangen kann und in dem Gestus der Ablehnung der etablierten Institutionen und Handelnden verharrt.

Beide bleiben in dem Versprechen stecken, dass alles besser und einfacher wird, wenn das Etablierte abgeschafft ist. Diese anti-elitäre Haltung richtet sich oft auch gegen die etablierte Erziehungswissenschaft. Dabei wird unterschlagen, dass die angebotenen Lösungen hochkomplex oder gesellschaftlich kaum durchsetzbar sind. Anhänger*innen werden also weiter die Bücher ihrer ›Stars‹ kaufen, die Talkshows schauen, die Videos kommentieren, solange ihre Probleme nicht gelöst werden und das Versprechen auf eine einfache Lösung aufrechterhalten werden kann. Und das genau ist der kommerziell angestrebte Effekt.

3. Merkmal: Charismatische Führungspersonen

Populismus benötigt starke und charismatische Führungspersonen, die die Macht bündeln und direkten Zugang zu ihren Anhänger*innen aufbauen und pflegen können. Diese Figur kann Gefühle und Ängste ansprechen, also Emotionen steuern und mit zur Schau gestellter Stärke stellvertretend im Namen des Volkes die Lösung der konstatierten Probleme versprechen.

Hier gibt es eine augenfällige Parallele zwischen politischen und pädagogischen Populist*innen. Im politischen Populismus gibt es fast ausschließlich Männer und auch in dem von uns untersuchten Bereich des pädagogischen Populismus haben wir es ausschließlich mit wortgewandten, auratischen Männern zu tun[22], die medial als Sympathieträger fungieren. Sie treten durchaus in wissenschaftlich konnotierten Kontexten auf (Michael Hüter z. B. am 01.12.2019 in der Leopoldina[23]), weil ihre Rhetorik ausgefeilt und ihre Wirkung auf das Publikum vereinnahmend ist. Da Politiker*innen und fast alle anderen Menschen sich für pädagogische Experten halten – schließlich haben alle Erfahrung mit Erziehung – funktioniert diese Vereinnahmung bis in die oberste Kultusbürokratie hinein erstaunlich gut.

4. Merkmal von Populismus: Multimedialität

Ein Teil der Aussagen zu politischem Populismus lässt auch den Gedanken zu, es handele sich lediglich um einen bestimmten Politikstil ohne inhaltliche Festlegung. Zusammen mit der Aussage, dass Populismus nur über öffentliche Aufmerksamkeit funktioniert, liegt darin ein wichtiger weiterer Aspekt seiner Wirkung.

Wir werden zeigen, dass die Multimedialität (Print, Radio, Fernsehen, Video, Internet, Social Media) von Populisten ein ausgetüfteltes System der Selbstvermarktung darstellt[24] und zugleich eine bedenkliche Eigendynamik entfaltet. Wir finden heute eine exponentielle Verbreitung populistischer Gedanken im Gegensatz zu den vormalig mühselig vor allem durch Print verbreiteten pädagogischen Ideen.

Das Funktionieren der Medien hat sich in wenigen Jahren durch den Einfluss des Internets stark verändert.

Zum einen ist der Gedanke reizvoll, dass das Funktionieren des Netzes eine grundsätzliche Forderung des politischen Populismus scheinbar erfüllt: Jede*r (das Volk) kann sich dort ungefiltert und ohne Repräsentanz (durch die Eliten) äußern. An diese Tatsache haben sich zunächst ungeheure Hoffnungen bezüglich demokratischer Bewegungen (z. B. Arabischer Frühling) geknüpft, die aber angesichts der vielfältigen Missbrauchsmöglichkeiten, wie Desinformation (USA) oder Einschränkung von Information (China) in eine gewisse Desillusionierung mündeten[25].

Die Multimedialität hat zum anderen weitere Folgen, die für die Betrachtung des pädagogischen Populismus wichtig sind. Das Internet steht mit seinem Klickzahlenhype im Wettstreit mit den etablierten Medien, die angefangen haben, in gleicher Weise mit Einschaltquoten, Zielgruppenprofiling und Netzverfügbarkeit um Aufmerksamkeit zu konkurrieren.

Medien

Mit der BZ (Berliner Zeitung) am Mittag ab 1904 gibt es in Deutschland in Konkurrenz zur Abonnementszeitung die erste Kaufzeitung, die sich täglich über den direkten Kaufimpuls vermarkten muss. Später folgen weitere Blätter, wie die Hamburger Morgenpost (ab 1949) und ab 1952 die Bildzeitung. Der Erfolg der dann so genannten *Boulevardblätter* hängt von der Schlagzeile und ihrer direkten Wirkung ab, die dazu führen muss, dass die Leser*innen ihr Portemonnaie zücken. So etwas wie eine frühbürgerliche Öffentlichkeit gibt es zwar schon seit dem 17./18. Jahrhundert. Aber Zielgruppen, Themen und Geschwindigkeit verändern sich nun deutlich. Die gleichzeitige Weiterexistenz der Abonnementsblätter, die ihre Vermarktung entspannter angehen können, wirkt lange Zeit als Korrektiv zum aufgeregten Sensationsstil. Mit dem Aufkommen der öffentlichrechtlich kontrollierten Medien Radio und Fernsehen erhält der Bürger dazu eine wohldosierte und ausgewogen zubereitete Informationsportion verabreicht. Das alles ändert sich seit einiger Zeit erneut grundlegend.

Heute: Seitdem das öffentlich-rechtliche gebührenfinanzierte Angebot durch die Zulassung privater Sender ergänzt wurde und die Reichweite und Fülle der Information durch das Internet sehr schnell anwächst, ist die gesamte Situation, der sich die Informationssuchenden gegenübersehen, hinsichtlich Art und Menge absolut unübersichtlich geworden. Darauf gibt es sehr unterschiedliche Reaktionen.

Ein Teil der Nutzer*innen betreibt eine Art Mediendiät durch extreme Auswahl in allen medialen Bereichen, dabei gibt es auch aktiv ausgeübte Quellenkritik durch bewusste Nicht-Nutzung. Diese Anwender*innen könnten zu denjenigen gehören, die die Aktivitäten der pädagogischen Populist*innen schlichtweg ignorieren, was die geringe Menge der Reaktionen aus dem Bereich der Wissenschaft zusätzlich erklären würde[26].

Andere Nutzer*innen reagieren irritiert auf den Überfluss. Sie lassen ihre Aufmerksamkeit durch das, was sie zufällig medial umgibt, lenken. Dadurch erleben sie automatisch eine Dramatisierung ihrer Umweltwahrnehmung und ihre Sehnsucht nach einfachen Lösungen für die vielen furchtbaren Katastrophen, die sie ja offenbar umgeben, nimmt zu.

Sie bekommen zum Beispiel eine Antwort auf eine ihrer Lebensfragen: »Warum habe ich in der Schule gelitten, warum geht es meinem Kind wieder so?« Antwort: »Die Schule ist schuld, Du und Dein Kind, ihr habt keinen Anteil an der Misere«. Das ist – zunächst einmal – zumindest emotional entlastend.

Da die Richtung ihrer Wahrnehmung und die in den Medien angebotenen Inhalte (Relevanzsteuerung) nun fokussiert sind, bewegen sie sich zunehmend in einer Filterblase (Zehnder 2017, S. 59), in der sie nur noch zu ihren Anschauungen passende Inhalte zugespielt bekommen.

Die Reaktion der »traditionellen Medien« ist gleichzeitig die, dass sie sich in Konkurrenz zur Boulevardisierung begeben und sich selbst – zum Teil ohne Not – ähnlich verhalten, also »emotionalisieren, skandalisieren und personalisieren« (Zehnder 2017, S. 31). Ein Teil der Politiker*innen agiert ähnlich. Zehnder nennt das die *Aufmerksamkeitsfalle*. Die Aufmerksamkeit des Publikums, ausgedrückt in Quote, Klickzahlen, Auflagenhöhe, ist wichtiger als der Inhalt.

Der Klickköder (»Skandal Schule – macht Lernen dumm?«[27]), die Pushnachricht (»Luftfilter – zu teuer für die Schulen«[28]), die in eine laufende Fernseh-Sendung eingeblendete Eigen-Reklame (»Zu Gast bei Markus Lanz heute«) sind gängige Mittel der Aufmerksamkeitssuche geworden.

Wenn also zum Beispiel Lanz an diesem Abend einen pädagogischen Populisten eingeladen hat, so handelt er vermutlich in der besten Absicht, den Diskurs über Erziehung in unserer Kultur öffentlich zu beleben.

Weil aber die Multimedialität als bespielbarer Hintergrund nach eigenen Gesetzen funktioniert – Herles vermutet *Gefallsucht* und nicht Aufklärungsinteresse aller Beteiligten (Herles 2015, S. 24) –, macht er unwissentlich Produkt-Reklame für einen Populisten, weil er seinem Sender eine hohe Einschaltquote nachweisen muss, um seinen prominenten Sendeplatz zu behalten. Dieser Mechanismus vervielfacht den Einfluss der Populisten, häufig sogar ohne ins Bewusstsein der Ausführenden zu gelangen. Diese Zusammenhänge wollen wir beschreiben, zumindest aber versuchen, einige grundsätzliche Muster aufzuzeigen.

Unser Analyse-Verfahren

Ein Sichten der Literatur und Medienbeiträge zu pädagogischen Fragen ergab recht schnell den auffälligen Befund, dass sich auf dem Bestseller-Markt viele Autor*innen bewegen, die keine Pädagogen*innen sind, sich aber dennoch sehr dezidiert und öffentlichkeitwirksam zu pädagogischen Fragen äußern. Die Titel beziehen sich häufig auf Schule und sind nicht sehr zimperlich mit Kritik. Die Tatsache, dass eine Institution scharf kritisiert wird, kann zum einen mit der Institution zu tun haben, zum anderen sehen wir aber durch die Aufmachung schon auch die populistischen Merkmale »Skandalisieren« und »Dramatisieren« (»Der Verrat des Bildungssystems an unseren Kindern«, Untertitel Precht 2015). Die Formen der Selbstermächtigung sind dabei unübersehbar: »Es steht zu hoffen, dass die Bildungspolitiker [...] schnellstmöglich die Reißleine ziehen und wieder auf das einzig wirksame Vorgehen, also den lehrerzentrierten und orientierenden Unterricht einschwenken.« (Winterhoff o.J. [2019], S. 210). Mit charismatischen und in den Medien omnipräsenten Führungspersönlichkeiten haben wir es allemal zu tun.

Die aus Sachkenntnis der Zustände im schulischen Bereich entstandenen Publikationen mit Titeln wie zum Beispiel »Was wir unseren Kindern in der Schule antun ... und wie wir das ändern können« (Czerny 2010) arbeiten zwar auch mit populistischen Mitteln, haben aber nicht die Reichweite und eher wenig mediale Präsenz. Es fällt auf, dass, im Gegensatz zu dem von uns gewählten Feld, eher Frauen sachverständige Texte publizieren. Darüber nachzudenken wäre allerdings einer weiteren Publikation wert.

Wir haben uns in der Folge auf vier medial besonders präsente Autoren konzentriert, die die Merkmale »Selbstermächtigung«, »Dramatisierung«, »charismatische Führungsperson« und »Multimedialität« repräsentieren und werden zeigen, dass letztere Merkmale einen Quantensprung in ihrer Verbreitung und Bedeutung bewirken. Dabei ist die gewählte Reihenfolge der Versuch, eine Dynamik der Entwicklung zu verdeutlichen und die Neben-Bedingungen aufzuzeigen, unter denen Meinungstexte über unser Bildungssystem besonders massenhaft rezipiert werden. Die Abfolge geht von einem eher weichen Populismus (Precht) zu immer hermetischer agierenden Formen. Welche Wirkung diese Texte dann tatsächlich haben, ist nicht nachzuweisen.[29] Es ist aber auffällig, dass alle vier Autoren ein umfängliches »Fan-Publikum« unter Lehrer*innen, Erzieher*innen und Eltern haben.

Unterlegt ist immer die Frage, was die Erziehungswissenschaft zu diesem nicht neuen Phänomen sagt und ob ein anderer Umgang mit den pädagogischen Populisten durch eine wissenschaftliche Auseinandersetzung wirkmächtiger sein könnte.

Teil I
Viel Lamento – wenig Lösung

1 Vier Schubladen der Schulkritik

Gemäß der Eingrenzung in der Einleitung betrachten wir vier Beispielautoren mit jeweils einer möglichst zeitnahen pädagogisch populistischen Print-Veröffentlichung, die sich mit Schule beschäftigt, und dem medialen Agieren dieser Autoren. Da die öffentliche Diskussion um Bildung und Erziehung, Schule und Schulsystem sehr dynamisch verläuft, ist Vollständigkeit oder eine systematische Einordnung aller Pro- und Antagonisten von vornherein zum Scheitern verurteilt. Wir versuchen daher, das Phänomen an prägnanten Beispielen anschaulich zu machen und grob zu kategorisieren.

Und weil es sich in diesem Falle eher um alltagslogische Einordnungen handelt und nicht – wie beim politischen Populismus – bereits verschiedene definitorische Abgrenzungsversuche vorliegen, gehen wir von einer etwas leger gewählten Einteilung a) nach gemäßigten Vertretern und b) gezielt systematisch vorgehenden Vertretern aus. Als Beispiele für einen eher gemäßigten Alltagspopulismus haben wir *Richard David Precht* und *Gerald Hüther* gewählt.

Michael Hüter und *Michael Winterhoff* dagegen sind in ihren Ansätzen als gezielt systematische Populisten einzustufen, die sich in einem mehr oder minder geschlossenen argumentativen Rahmen bewegen. Allerdings gibt es Verbindungen zwischen Hüther und Hüter, die sich gegenseitig öffentlich loben.

Und als Vorbereitung auf diesen ›blumigen Aspekt‹: Anhand der Steigerung möchten wir darauf aufmerksam machen, dass manche zunächst zu Recht als vollkommen harmlos betrachteten Gewächse, Pflanzen der Kritik, unter bestimmten Umweltbedingungen eine Störung der gedeihlichen Weiterentwicklung des gesamten Gartens darstellen können. Doch zu Metaphern in der Pädagogik mehr in Kap. 3.5 (Reichenbach 2014).

1.1 Parolen: Skandalisierung des Bildungs-/Schulsystems

An öffentlich vorhandener Schulschelte und Kritik an unserem Bildungssystem anzudocken, ist nicht besonders schwer und in Teilen der Erziehungswissenschaft auch nicht besonders strittig. So sagt etwa Micha Brumlik im Vorwort zum Bericht über den 20. Kongress der DGfE (Deutsche Gesellschaft für Erziehungswissenschaften) 2007: »Nein, das Bildungssystem Deutschlands verletzt keine Menschenrechte im engeren Sinne, ist jedoch alles in allem eine Schande. […] Das Feststellen einer Schande hat mit Wissenschaft zunächst nichts zu tun. Die Wissenschaft beginnt erst dort, wo derlei Missstände exakt beschrieben und zureichend erklärt werden, und zwar so, dass verändernde Eingriffe möglich sind.

Man täusche sich nicht: das und nichts anderes ist es, was Eltern, Öffentlichkeit und Politik von der Erziehungswissenschaft erwarten – und: diese Erwartung ist weder naiv noch illegitim. Illegitim wäre es lediglich, kurzatmiges und kurzschlüssiges Rezeptwissen zu erwarten und dabei die universitäre Grundlagenforschung materiell auszubluten.« (Brumlik 2007, S. 13) Die Beschreibung der »Schande« wird von den Populisten derweil eilfertig geleistet, die Beschreibung der Lösungen – wenn sie das überhaupt tun – sollte ihnen nicht widerspruchslos überlassen werden.

Zudem gilt: Die Ursachen für die hohe Akzeptanz der kritischen Sicht auf Lehrpersonen, Bildungsinstitutionen und Bildungsadministrationen sind vielfältig und gründen durchaus nicht alle in tatsächlich vorhandenen Missständen, sondern entstehen aus einer Gemengelage von Unzufriedenheiten. Sie stehen in einer Tradition der Missbilligung von Bildungseinrichtungen und einem Teil der dort Tätigen, die in schlechten Erfahrungen, biographischem Ummünzen von Misserfolgserlebnissen und gesellschaftlicher Unzufriedenheit – zum Beispiel mit dem Output unseres Bildungssystems – gründet.[30]

Zunächst ist auffällig, dass der Appell der Populisten an die Leser*innen oft an emotionale Unterfütterungen, wie Ohnmachtserfahrungen und Beschützerinstinkte gekoppelt ist, was dann ein offenbar besonders guter Garant für hohe Popularität ist. »Der Verrat des Bildungssystems an unseren Kindern« (Precht 2015, Untertitel), »Seit der Jahrtausendwende blinken deutlich auffallend immer mehr Kinderseelen SOS« (Hüter 2020, S. 19), »[...] die negativen Erfahrungen, die Kinder und Jugendliche zwangsläufig machen müssen, wenn sie wie Objekte in die Schule geschickt, unterrichtet und bewertet werden [...]« (Hüther 2020, S. 89), »Wie das Bildungssystem die Zukunft unserer Kinder verbaut« (Winterhoff o.J. [2019], Untertitel) sind die Aufreißer der populistischen Texte. Sie folgen damit der Logik vieler Pressetexte, die die Skandalisierung eines (tatsächlichen oder vermeintlichen) Tatbestandes nutzen, um Interesse zu wecken.

Ein Aspekt dieser inhaltlichen Aufmachung geht dabei parallel zum politischen Populismus, denn es wird eine Art Alleinvertretungsrecht der Autoren deutlich. Alle Kinder werden verraten, alle zu Objekten, allen geht es schlecht. Die Rezepte, mit Hilfe derer dann dieser Befund behoben werden kann, werden abstrakt und oft auch etwas blumig als Liebe, Empathie, Bildung... bezeichnet. Dass sich aus einem derart umfassenden Welterklärungsanspruch und ebenso globalen Veränderungsempfehlungen kein Einstieg in einen Diskurs zur Verbesserung von Bildung finden lässt, liegt schon in der Logik des Ansatzes.

Und das ist sehr schade, denn – wie wir zeigen wollen – gibt es bei den populistisch agierenden Schulkritikern durchaus Anstöße, die eine gedankliche Überprüfung und öffentliche Diskussion nicht nur Wert wären, sondern auch Einfluss auf Erprobungen und Weiterentwicklungen unseres Schulsystems haben könnten. Wenn aber argumentiert wird, nur das gesamte Veränderungsset, die radikale Lösung also, sei eine sinnvolle, so wird in diesem Falle buchstäblich das ›Schul-Kind‹ mit dem Bade ausgeschüttet. Der Wunsch nach Popularität überdeckt dann die Beteiligung am öffentlichen Diskurs, weil offenbar vermehrt wahrgenommen wird, wer spektakulär auftritt und mit Kassandra-Rufen das Ende von irgendetwas verkündet. Denn: Kassandra wusste um die Zukunft, aber keiner wollte ihr glauben. Die Weissagung eines Niedergangs geschieht hier mit der zugelieferten Konnotation: Die verantwortlich Handelnden werden mir nicht glauben, aber ihr, die Menschen mit sogenanntem *gesundem Menschenverstand,* werdet von meinen Argumenten erreicht, habt aber nicht die Macht zur Veränderung. So erklärt sich, dass die einzelnen Populisten eine Art Fangemeinde aus Eltern und interessanter Weise oft auch Lehrer*innen um sich versammeln. Das geschieht bevorzugt bei Autoren, die ein begrenztes Set von Argumenten über einen längeren Zeitraum öffentlich variieren.

Bei anderen, die die Themen wechseln – Precht ist inzwischen von der Bildung bei der Künstlichen Intelligenz und moralischen Fragen zur Pandemie angelangt – läuft die Faszination offenbar eher über sprachliche und gedankliche Klarheit, die von vielen *Alltagspädagogen* bei den Bildungsforschern und Erziehungswissenschaftlern so schmerzhaft vermisst wird. Dazu gehört auch Harald Lesch, der sich um die verständliche Darstellung wissenschaftlicher Phänomene verdient gemacht hat, mit »Unser Schulsystem ist Mist« (21.09.2016)[31] aber auch durchaus populistische Töne anschlägt.

Wir stellen nun einige Aspekte aus populistischen Schulkritiken verknappt dar und fragen jeweils nach dem Nutzen für die derzeitige Diskussion über Schule. Heißt: Wir versuchen nicht die philosophischen und pädagogischen Mäander der jeweiligen Herleitungen zu ergründen, sondern überprüfen den praktischen Nutzen, den die Argumentation im Rahmen des Diskurses *Schulkritik – Verbesserung von Schule* haben könnte.

1.2 Der Philosoph: Richard David Precht

Richard David Precht, der populärste Philosoph Deutschlands, macht sich aus der Perspektive seiner Disziplin Gedanken über viele Welterscheinungen. Dabei ist er ein Meister der argumentativen Zuspitzung und liefert oft brillant formulierte Beschreibungen von Kulturphänomenen.

In seiner radikalen Schulkritik (»Anna, die Schule und der liebe Gott«, [Precht 2015 [2013][32]) reklamiert er nicht weniger als eine Bildungsrevolution, die mit der Auflösung des Beamtenstatus der Lehrer*innen beginnen soll. Dieser sei ein Relikt aus der preußischen Schulbewegung und verhindere Ideenreichtum, Kreativität und Innovation der Lehrer*innen. Das argumentative Tableau zur Untermalung seiner Forderung reicht von Rousseau bis zur preußischen

Schulreform, ist dabei zwar aspekt- und wortreich, zugleich aber auch eher oberflächlich. Im Fernsehen stützt er seine Einsichten unter anderem auf Erfahrungen mit seinem Sohn. Dieser – als Kind eines Vaters, der Lehrer*innen und Schulpädagogik verachtet und Erziehung auf Lernen und Selbstbildung gründen möchte – liefert Precht unter anderem das Anschauungsmaterial für familiäre und schulische Bildungsgänge.

Precht vertritt seine Auffassungen mit ausschließenden Formulierungen, oft fehlt ein Abwägen zwischen Für und Wider gegenläufiger Darstellungen.

Denkbar wäre hier eine häufig geführte Diskussion, die auf das behäbige Berufsverständnis von Lehrer*innen, hervorgerufen durch große soziale Sicherheit, abhebt. Angedeutet wird diese Argumentation durch die Anmerkung, es sei sinnvoll, den falschen Anreiz des Beamtenstatus zu entfernen, damit nicht die falschen Menschen aus den falschen Motiven den Lehrerberuf ergreifen (Precht 2015, S. 143). Zudem würde sich manche Schule mehr Personalhoheit wünschen, die mit Angestellten leichter zu verwirklichen sei. Allerdings sprechen die Erfahrungen in Berlin, wo das Beamtentum für Lehrer*innen abgeschafft wurde, nicht unbedingt für große Umwälzungen, außer vielleicht, dass die Unterrichtenden dort gelegentlich geneigt sind, das Bundesland zu wechseln, was im Prechtschen Sinne verdeutlichen würde, dass nur radikale gleichgeschaltete Lösungen in allen Bundesländern sinnvoll wären.

Was Precht im Übrigen zusammenstellt, ist das gesamte Set der Diskussion um Schulfortschritt in – sagen wir – weiterdenkenden Pädagog*innenkreisen: Veränderung der Schüler-Lehrer*innen-Rolle hin zu mehr Selbstständigkeit und Selbstbestimmung der Lernenden (Individualisierung – Lehrperson als Coach), systemische Veränderungen (mehr gemeinsames Lernen, Integrierte Gesamtschulen als Regelschule), Kritik am »Messbarkeitswahn« (Outputorientierung) (ebd., S. 95). Eine gar nicht so kleine Anzahl der Reformbemühten im Bildungsbereich wird hier nichts anderes als ihre Praxis und Argumentation seit 50 Jahren finden und sich erneut fragen, warum im deutschen Bildungsbetrieb die Ausbreitung und Umsetzung von Reformen so zäh vonstattengeht. Die Praktiker*innen ahnen Gründe und wünschen sich Unterstützung. Precht äußert sich am Ende dazu und macht leider wenig Hoffnung.

Die weiteren Vorschläge, z. B. die Einführung von Projektunterricht, sind an vielen Systemen bereits umgesetzt. Prechts Beschreibungen möglicher Praxis bleiben erzählend und eröffnen damit keine weitergehende Diskussion.

Die Liste der Reformer, angefangen 1922 bei Washburne (ebd., S. 277)[33] über eine harsche Kritik an Skinner[34] (ebd., S. 230 f.) liest sich wie ein *Who's who* der Unterrichtsentwicklung. Dasselbe gilt für die ideengeschichtliche Herleitung von Kritik an pädagogischen Institutionen.

Dabei liest sich dieser Teil der Abhandlung ein bisschen wie die brave Fleißarbeit eines Referats über Schulentwicklung, gespickt mit einigen amüsanten Nebenbemerkungen des Autors, der sich von der Politik nicht gern als »hauptberuflicher Lautsprecher« (ebd., S. 96) gesehen wissen will oder von »pensionierten Studienräten« (ebd., S. 261) auf Fehlersuche bei eben solchen ertappt werden möchte, womit Precht allerdings in die Lehrer-Bashing-Falle tappt.

Was Precht zu Nachhilfevolumen, moralischer Integrität von Lehrer*innen, verfehlter Lehrer*innenausbildung, Privatschulen, Teaching to the test, Dreigliedrigem Schulsystem sagt, ist zwar bekannt, aber eben noch nicht jeder und jedem. Unterhaltsam zu lesen sind die Prechtschen Ausflüge ins Metaphorische mit zum Beispiel den *Post- und Rennpferden* von Gunter Dueck (ebd., S. 170ff) oder Politikern, die »glatt wie Teflon« (ebd., S. 250) wirken. Die Hintergründe (Schulen sind Systeme, die nicht für die Zukunft ausbilden; Politiker*innen entscheiden unprofessionell über Schulen auf der Grundlage ihres Wissens aus ihrem eigenen Schulbesuch) sind allerdings viel zu ernst, um entspannt lachen zu können.

Die etwas romantisierende Vorstellung vom *»tollen Pädagogen«* (ebd., S. 153), der – wo kommt er eigentlich her? – nicht durch Ausbildung entsteht, bestenfalls an Kunstakademien nach vorheriger Prüfung der Persönlichkeitsmerkmale gecoacht werden kann, mag der Wunschvorstellung eines manchen Direktors einer Reformschule entsprechen, trägt aber zur Klärung der Schwierigkeiten mit der Lehrer*innenausbildung nicht sonderlich bei.

Mind the gap, so möchte man ihm den Sicherheitshinweis der Deutschen Bahn, der auf eine Lücke und/oder einen Höhenunterschied zwischen Zug und Bahnsteig hinweist, zurufen: Denn Precht entfaltet, soweit man folgen will, eine Institutionskritik, die sicherlich von vielen auch bezüglich ihrer Ausweglosigkeit geteilt wird (»Entweder-Oder-Falle«, ebd., S. 260). Sein Beitrag zum öffentlichen Diskurs in diesem Dilemma lässt aber genau diese Lücke zwischen Kritik und blumiger Beschreibung des Gewünschten. Seine radikale Forderung nach Auflösung der Kulturhoheit der Länder wird leidgeplagte Ausführende in Bildungsinstitutionen aufstöhnen lassen, aber auch fragen: *Wie denn nun?* (z. B. Tagesspiegel vom 11.09.2017: »Schluss mit der Kleinstaaterei im Schulwesen«).[35] Und eine der für viele Schulen zentralen Reformhinderungen, eine Art ›doppelte Befehlsstruktur‹ von Schulträgern (sächlich) und Bildungsträgern (inhaltlich) wird erwähnt, aber nicht diskutiert.

Was Precht jedoch immerhin im Gegensatz zu den anderen populistischen Autoren – Winterhoff macht allerdings Vorschläge für eine Bildungsoffensive – entwirft, ist ein zwar sehr abstrakter, aber doch in zehn Prinzipien aufgeschriebener Vorschlag für eine bessere Schule. In Herleitung aus architektonischen Metaphern wird Precht dann am Ende allerdings wieder sehr blumig und radikal in seinen Forderungen. Milde Reformen lehnt er aus eher formal hergeleiteten Gründen ab – man mache es dann ja keinem Recht. (Ebd., S. 288) Also die ganze revolutionäre Packung muss es sein: »Mastery learning, Teamfähigkeit, Projektunterricht, intrinsische Motivation, aktives Lernen… All das muss man *ganz* machen, sonst knirscht es im Gebälk.« (Ebd., S. 289) Interessant hier ist, dass Precht mehr und mehr Pflanzen – metaphorisch (»Die intrinsische Motivation ist eine sensible Pflanze«, ebd., S. 289) argumentiert, sich an Maria Montessori anlehnt und eher pädagogische Gemeinplätze zum individuellen Lernen vertritt. Weitere Prinzipien sind das Stiften von Sinnzusammenhängen, Auflösung der Jahrgangsklassen, Schaffen einer Verantwortungskultur, Teamstrukturen für Lehrer*innen und Schüler*innen, Untergliederung in Lernhäuser, Schaffen von Ritualen und Strukturen … Viele Reformschulen pflegen einige oder alle diese Prinzipien und kaum ein »fortschrittlich eingestellter« Lehrer würde nicht bei ganz vielen Empfehlungen freundlich zustimmend nicken. Lernfreundliche Schularchitektur, individuelle Bewertung, Konzentrationstraining, Schuluniformen, Unterbinden der sozialen Selektion durch Ganztagsschulen… Es ist nicht schwer, mit einer Vielzahl von solchen Forderungen Zuspruch und Leserschaft zu erlangen und hohe Popularität in Talkshows. Beginnen will Precht mit seiner Bildungsrevolution beim Abschaffen der Bildungshoheit der Länder. Auch hier sicherlich viel Zuspruch aus dem Bildungslager. Leider sind die Mühen der Ebene – also die Umsetzung – nicht mitgedacht (*Mind the gap!*). Wenn wir gerade einen schwachen Versuch der Gründung eines länderübergreifenden Bildungsrates haben, muss man feststellen, dass es einfach ist, solche Dinge zu fordern, und schwer, ein über 70 Jahre altes System zu bewegen[36].

Immerhin schließt Precht mit dem Hinweis auf besagte Mühen, denn Konzepte und Ideen müssten sich »im Gefilz von Ideologien und Egoismen, den Aufregungs- und Entrüstungsreflexen der Massenmedien und dem langen Marsch durch die Bürokratie behaupten« (Precht 2015, S. 332). Diese Einsicht könnte auch auf den Autor zurückwirken. Sie wäre dann geeignet, seine Vorstellung zu erschüttern, dass ein philosophisch geschulter *gesunder Menschenverstand* ausreiche, um grundlagentheoretisch – pädagogisch, historisch und empirisch – sozialwissenschaftliche Zusammenhänge differenziert zu reflektieren.

Die Metaphorik vom *langen Marsch* agiert auf einem ganzen Tableau von Bildern, Bezügen und politischen Assoziationen. Der Reiz des Gedankens aber, die Hoffnung auf Besserung, ist natürlich hochgradig verführerisch und erfährt somit breite Zustimmung. Vielleicht auch von denjenigen, die seit Jahrzehnten an genau diesen vielen Fronten in ihrem beruflichen Alltag kämpfen, praktische Schulreform betreiben und den gesellschaftlichen Diskurs im Bildungsbereich vorantreiben?

Möglich ist allerdings auch, dass sie sich wenig wertgeschätzt fühlen, denn die Schule, die Precht schildert, gibt es in vielen Bereichen, wie er selbst sagt, gar nicht mehr, die Bemühungen um Veränderung allerdings beschreibt er als »immer neue kleine Anbauten an ein marodes Gebäude« (ebd., S. 135).

Der Traum vieler Pädagog*innen wäre vielleicht, wenn ein derart bekannter Autor die Macht seiner öffentlichen Präsenz in den Dienst von »Humboldts Traum« (ebd., S. 31) stellen würde, »ganz im Geist Herders und Pestalozzis, Bildung allen Staatsbürgern zugänglich zu machen.« (Ebd., S. 33).

Was es bedeuten könnte, wenn populistische und dann eben auch oft sehr populäre Autoren sich an einem öffentlichen Diskurs zur Bildungslandschaft der Republik beteiligen würden, werden wir am Schluss des Kapitels diskutieren.

1.3 Der Psychiater: Michael Winterhoff

Der Kinder- und Jugendpsychiater Michael Winterhoff, der sich mit psychischen Entwicklungsstörungen im Kindes- und Jugendalter aus tiefenpsychologischer Sicht befasst, argumentiert in vielen Punkten konträr zu Precht. Mit einigen Büchern, wie *SOS Kinderseele*, *Tyrannen müssen nicht sein* oder *Mythos Überforderung* hat er eine gewisse Popularität gewonnen, die ihn zu einem gesuchten Interviewpartner gemacht hat. Mit dem Titel *Deutschland verdummt* mischt er sich 2019 ein in die Diskussion über unser Bildungssystem, indem er die gängigen populistischen Alarmglocken läutet: Bildung eine Katastrophe, Kinder und Gesellschaft in Gefahr. (Winterhoff o.J. [2019])

Dabei verweist er auf seine Ausbildung als Kinder- und Jugendpsychiater, die ihm »eine sehr genaue fachliche« Beurteilung erlaubt, »was zurzeit in Schulen und Kindergärten schiefläuft« (Winterhoff o.J. [2019], Klappentext). Er bezieht also seine Beurteilungskompetenz aus einem ausgeübten Beruf, der ihm vermutlich einen Überproporz an psychisch und psychosozial gestörten jungen Menschen zuführt. Das muss nicht zwingend das Urteil schärfen, sondern kann auch eine einseitige Sicht auf die Wirklichkeit eröffnen.

Winterhoff hat sich in seinen Büchern bisher allgemein mit Kinder- und Jugendproblemen beschäftigt. Nun hat er als allumfassendes Feindbild die Schule entdeckt. Kern seiner Argumentation ist die Kritik an jedweder Form von Selbstständigkeit, die er als Verlassen, als *Kinder allein lassen* interpretiert. Eine von ihm – gelinde gesagt – speziell interpretierte Deutung des Begriffes *Lernbegleiter* beinhaltet die Vorstellung, dieser dürfe nun nicht mehr mit den Kindern in Beziehung gehen. Auf den Tatbestand, dass Lehrer*innen – so seine Wahrnehmung – nicht mehr Vorbilder der Kinder sein dürften, führt er eine Vielzahl von Folgen zurück: mangelhafte Hochschulreife, fehlende Grundkenntnisse und schwindendes Beherrschen von Soft Skills, wie Pünktlichkeit.

Winterhoff unterliegt bei seiner Argumentation einem aus Sicht der Pädagogik weit verbreiteten Fehler im Denken über die Aufgabe von Schule, die für individual-therapeutische Berufe typisch ist: Er verwechselt das Lernen von Schulklassen mit einem Muster, dem ein guter Therapeut bei seiner Intervention in einer Krisensituation folgt. Therapeutisch arbeitende Personen stellen eine bindungsmächtige personale Beziehung zwischen sich und dem zu therapierenden Menschen her. Diese ist gekennzeichnet durch eine starke personale Ausrichtung der Beziehung auf die beiden im therapeutischen Prozess beteiligten Personen. Der Erfolg der Therapie hängt in starkem Maße davon ab, dass der Beziehungsaufbau klappt; daher individualisiert die therapierende Person das zu entwickelnde Bindungsmuster in deutlichem Maße auf den Klienten oder die Klientin.

Dieses Vorgehen ist in der Therapie absolut gerechtfertigt, da insbesondere Kinder und Jugendliche in psychotherapeutischen Situationen akut gefährdet sind. Daher kritisieren wir keinesfalls die professionelle Grundhaltung, die bei Winterhoff zu erkennen ist. Insbesondere ist er sich als Therapeut auch der Tatsache bewusst, dass am Ende der therapeutischen Intervention die Auflösung der engen personalen Bindung erfolgen muss, denn das Ziel der Therapie ist die Autonomie des Subjekts, das nach der Therapie sein Leben selbstverantwortlich und ohne ständige therapeutische Begleitung führen soll. Die Phase der Lösung aus der engen therapeutischen Beziehung ist die notwendige letzte Phase der Therapie.

Beim schulischen Lernen hat die Lehrperson aber nach Auffassung der Pädagogik keine therapeutische Funktion. Aufgabe von Pädagog*innen ist es, *entwicklungsfördernde Bedingungen* für Lerngruppen zu schaffen. Eine Lehrperson steht bei ihrer beruflichen Tätigkeit einer Gruppe von Lernenden gegenüber, nicht aber einer Ansammlung von einzelnen lernenden Subjekten. Und die Gruppe setzt sich aus mehr oder weniger heterogenen Mitgliedern zusammen. Schon die »klassische Lerngruppe« einer Schule des gegliederten Systems weist eine hohe Heterogenität auf – und der Trend geht zum inklusiven Beschulen von Kindern in großen Klassen, die die Heterogenität des sozialen Umfeldes von Schulen als Ort des gemeinsamen Lernens widerspiegeln.

Eine Lehrperson hat daher die Aufgabe, innerhalb dieser großen Heterogenität eine stabile Lernstruktur zu stiften. Unter dieser Bedingung bilden die einzelnen Lernenden einer Klasse eine individuell geprägte personale Beziehung zu ihrer jeweiligen Lehrperson aus. Anders als in der therapeutischen Situation geht der Beziehungsaufbau jedoch nicht von der Lehrperson aus, sondern wird – wie es die Reformpädagogik beschreibt – von den einzelnen Lernenden in der sozialen Interaktion mit den Lernpartner*innen selbst konstruiert. Dabei leistet eine kompetente Lehrperson im Einzelfall mehr oder weniger individuelle Unterstützung, belässt aber die Autonomie des Handelns (abgesehen von echten Krisensituationen) bei den einzelnen lernenden Subjekten.

Winterhoff übersieht bei seiner Argumentation jedoch völlig, dass die Lehrperson auch aus Sicht der Pädagogik in diesem Prozess eine wichtige Bedeutung hat, da sie als Modell für die individuellen Beziehungskonstruktionen der Schüler*innen dient. Sie ist aber nicht der Dirigent des individuellen Beziehungsaufbaus, denn mit dieser Aufgabe wäre sie – als einzelne Lehrperson innerhalb einer großen Gruppe – völlig überfordert. Wenn sie in einer großen Gruppe eine nach dem Muster der Individualtherapie modellierte personale Bindung aufbauen wollte, so wäre das der Auftrag, die eigene Persönlichkeit zu zersplittern – denn zum gleichen Zeitpunkt benötigen verschiedene Kinder verschiedene Individualbeziehungen.

Es ist ja kein Zufall, dass Winterhoff in der klassischen therapeutischen Situation mit seinen Klienten in der Regel alleine arbeitet. Sicherlich gibt es auch Gruppentherapien, aber dann in Gruppen, die unter dem spezifischen therapeutischen Aspekt gezielt zusammengesetzt werden. Jede therapeutische Person weiß, was für eine große Herausforderung es in solchen Situationen ist, das Gleichgewicht zwischen der Stiftung der Bindung zur Gruppe als Ganzes zur Notwendigkeit der Stiftung individueller therapeutischer Beziehungen zu den einzelnen Gruppenmitgliedern auszubalancieren.

Dieses Modell ist aber auf schulisches Lernen keinesfalls übertragbar. Selbst wenn es einer hochkompetenten Lehrperson gelingt, zu allen Schüler*innen ihrer Klasse eine Bindung zu erzeugen, so würde trotzdem die positive Wirkung auf das einzelne Kind nicht eintreten, die sich Winterhoff wünscht. Denn aufgrund der kognitiven Autonomie jedes Lernenden kann es passieren, dass der jeweilige Lernende eine Intervention der Lehrkraft gegenüber einem anderen Kind, bei dem sie personal passt, auf sich selbst bezogen interpretiert – und da passt sie vielleicht nicht.

Winterhoffs Vorstellung davon, wie Lehrkräfte arbeiten sollten, kann daher gar nicht funktionieren. Das ist weder praktisch noch theoretisch möglich. Es hat auch nicht in der Vergangenheit, bei sehr viel homogeneren Lerngruppen des Gymnasiums, die Winterhoff vielleicht selbst noch erlebt hat, funktioniert. Ihm, als ehemaligem Gymnasiasten, sind vielleicht die vielen Opfer der damaligen machtvollen Lehrerzentriertheit nicht mehr bewusst. Viele der heute stolzen Absolvent*innen des klassischen Gymnasiums erinnern sich nicht mehr an die Mitschüler*innen, die bei den jährlichen Versetzungsrunden auf der Stecke geblieben sind. Pädagog*innen sind daher immer wachsam, wenn die Gewinner eines selektiven Bildungssystems, nachdem sie darin selbst erfolgreich waren, das Hohelied auf das verflossene System singen.

Die Herausforderung von Lehrer*innen in heutigen Schulen ist daher eine ganz andere. Sie sollen und dürfen sich als »starke Personen« zeigen, die durch ihre Aktivitäten auf die kognitiven und affektiven Prozesse der ihnen anvertrauten Schüler*innen Einfluss nehmen. Die soziale Bedeutung einer aktiven Lehrerpersönlichkeit wird, schon seit der Antike, für heute und morgen von führenden Pädagog*innen regelmäßig als zentrale Bedingung schulischen Lernens benannt – wie die HATTIE-Studie[37] erneut eindrucksvoll bestätigt hat. Aber nicht, indem die Lehrperson im Leben ihrer Schüler*innen die Alpha-Position einnimmt, die von sich aus die sozialen Prozesse der Lerngruppe dominiert.

Neben der Aufgabe für ein gutes und qualifiziertes fachliches Lernangebot zu sorgen, übernimmt die Lehrperson in der Schule von heute die Aufgabe der »Wächterin« über das geordnete Funktionieren der sozialen Struktur der Lerngruppe. Das ist die soziale Kompetenz von Lehrkräften. Winterhoffs Übertragung des therapeutischen Sozialmodells auf schulisches Lernen stiftet hier nichts anderes als Verwirrung.

Der hochironische Ton, den Winterhoff anschlägt, um die Darstellung derjenigen zu karikieren, die selbstständiges Lernen propagieren: »Kein bedrohlich aufragender Lehrer mehr [...] – es gibt kein Korsett mehr, in das ihre freiheitliebenden Kinderseelen gepresst werden« (Winterhoff o.J. [2019], S. 10) löst bei denjenigen, die »begeisterte [...] Befürworter der neuen Schullandschaften« (ebd., S. 11) sind, sicherlich keine besondere Zustimmung aus. Die Verkürzung des Gesamtkonzepts auf das *Alleinlassen der Schutzbefohlenen* durch Bildungspolitik und Lehrer*innen zeigt eine bemerkenswerte Verengung, die dem komplexen Konzept der *Erziehung zum selbstständigen Lernen* und eben gerade *nicht* dem *Verwahren* nicht einmal ansatzweise gerecht wird. Diese massive argumentative Einschränkung ist bei Winterhoff grundlegend und erinnert an die Verwechslung von partizipativer Bildung in Abgrenzung zu autoritären Strukturen, die erziehungsgeschichtlich gerne einmal mit *Laissez Faire-Strukturen* verwechselt wurde. Ein permissiver Erziehungsstil hat nichts mit dem Versuch gemeinsam, junge Menschen schrittweise zu selbstverantwortlichem Handeln zu erziehen. Die gesundheitlichen Gefahren durch Lärm, die Winterhoff diagnostiziert, stehen in keinem sachlogischen Zusammenhang zu selbstbestimmtem Lernen, sondern zu misslingendem pädagogischen Handeln. Schlecht gemachten offenen Unterricht gibt es ebenso wie schlechten Frontalunterricht.

Winterhoff wünscht sich den Unterricht der 1960er/70er-Jahre zurück, in der die Lehrerrolle noch deutlich zentraler und oft auch dirigistisch ausgelebt wurde (Billig 2019). Wenn sich heute viele Pädagog*innen in eine andere Richtung – nämlich zur Mit- und Selbstbestimmung der Schüler*innen bewegen wollen – so auch aus der Erinnerung heraus, wie viel Arroganz, Menschenverachtung und Langeweile, wieviel Verführung zur Machtausübung diese alte Rolle Lehrer*innen anbot.

Dass aber das andere Lehrer*innenverhalten – und damit eben doch die Wirksamkeit des Konzeptes – entscheidend ist, sagt Winterhoff selbst: »Die einen werden ganz dusselig«, die anderen machen »unter der liebevollen und zielgerichteten Anleitung ihres Lehrers einen weiteren Schritt in Richtung Selbstständigkeit« (Winterhoff o.J. [2019], S. 13). Aha, die *vernünftige* Lehrperson gibt es also? (s. o.: HATTIE-Studie) Die Probleme entstehen aber, weil immer »mehr von oben nach unten durchregiert wird« (ebd., S. 15), womit wir bei einer ganz anderen Ursache der Probleme – nämlich bei einer Kritik der Bildungspolitik sind.

Wenn Winterhoff dann die interessantesten *Behörden-Don-Quijoteterien* aufzählt, wird er manche altgedienten Pädagog*innen auf seiner Seite wissen: Mengenlehre, Schreiben nach Gehör ... und schuld sind: Die Achtundsechziger, die »PISA-Bombe« (ebd., S. 18) und der offene Unterricht, fundamentiert durch den Schweizer Schulgründer Peter Fratton. Da ein »Ideologe« ungern zugebe, »dass er Unrecht hatte« (ebd., S. 19), werde immer weiter in die falsche Richtung agiert. Und: »Ideologie gilt mehr als Fachverstand« (ebd., S. 20). Hier vergleicht er sich kurz mit Precht und Hüther, die seiner Meinung keine andere Legitimation haben, sich zu Bildung zu äußern als »selbst mal ein Kind gewesen zu sein« (ebd., S. 21). In diesem Zusammenhang bezeichnet er allerdings sich selbst als Laien, der aber zusammenfassend beurteilen kann, dass »ein bis etwa 1990 recht gut funktionierendes Schulsystem völlig auf den Kopf« (ebd., S. 21) gestellt wurde. Seine Professionalität leitet er aus Aspekten des Schulsystems ab, »die zu hundert Prozent« (ebd., S. 21f) seinen »Beruf als Kinder- und Jugendpsychiater berühren« (ebd., S. 22). Dabei variiert er seine allseits bekannte These, die Ursache allen Übels sei aus einer weit verbreiteten Beziehungsstörung herzuleiten. Das Handeln der gesamten Bildungspolitik und einer Vielzahl von Eltern und Lehrer*innen unter dem Aspekt der Projektion – der Erwachsene »projiziert seine eigenen Wünsche und Gefühle auf das Kind« (ebd., S. 22) – zu sehen, ist attraktiv, allerdings bezüglich politisch Handelnder nicht ohne Komik:

> »Die Ideologen, die uns das aktuelle Bildungssystem mit seinem Konzept des ›offenen Unterrichts‹ eingebrockt haben, und ihre Fans glauben ganz aufrecht die Kinder zu befreien. Möglich ist dieser Irrtum durch eine Beziehungsstörung, die in der Psychoanalyse Projektion genannt wird. […] Kurz gesagt, das Kind muss einen Pullover anziehen, weil die Mutter schnell friert. Bis etwas 1995 war die Projektion eine sehr, sehr seltene Beziehungsstörung. Heute dagegen ist es ganz normal, wenn Bildungsexperten und -politiker (genauso wie viele Eltern und Lehrer auch) den Kindern auf Teufel komm raus das geben, was sie sich selbst – als Kind – wünschten. […] Sie wären gerne während des Unterrichtes ein wenig herumspaziert? Also werden Wände eingerissen und Lerntheken eingerichtet, an denen sich die Kinder nach Lust und Laune bedienen können.« (Ebd., S. 22)

Diese verkürzende eindimensionale Argumentation liefert zudem jeder und jedem, der sich nicht mit dem Geflecht von Handlungsmotivationen im Bildungsbetrieb beschäftigen möchte oder sein Bildungshandeln zu rechtfertigen sucht, ausreichend Schutzmaterial. Leider verstopft diese Sicht, die aus einer einfachen Reifungsvorstellung, ergänzt durch begleitende und führende Erwachsene besteht, jeden Einstieg in einen Diskurs einigermaßen komplexer Zusammenhänge, gerade was das Zusammenwirken von individueller Entwicklung und den verschiedenen Erziehungsinstitutionen anbelangt.

Die Anregung, sich mit entwicklungspsychologischen Aspekten institutionalisierten Erziehungshandelns zu beschäftigen, ist so alt wie zum Beispiel unsere Lehrer*innenausbildung dort unterbelichtet ist. Ab und zu blitzen bei Winterhoff solche Aspekte auf, etwa der Hinweis, eine symbiotische Beziehung zwischen Eltern und Kind könne nicht argumentativ aufgebrochen, sondern müsse zunächst einmal in ihrer Dimension verstanden werden. Viele Anregungen aus dem Blickwinkel des Psychiaters wären hilfreich in der Lehrer*innenausbildung. Unterlaufen werden diese für den öffentlichen Diskurs sicherlich hilfreichen

Hinweise durch einen scharfen alarmistischen Ton: »Im Grunde müssten Juristen prüfen, ob die heutigen Unterrichtsformen den Tatbestand der unterlassenen Hilfeleistung erfüllen.« (Ebd., S. 24) »Weil sich die Mehrheit der Eltern in der Beziehungsstörung der Symbiose mit ihrem Kind befindet und in puncto Entwicklung der kindlichen Psyche Totalausfälle sind, müsste die Schule eigentlich doppelte Arbeit leisten. Doch auch von dieser Seite werden die Kinder im Stich gelassen.« (Ebd., S. 28)

Eine veränderte Schule müsse her. Wenn schon unsere Elternhäuser derart versagen, dann solle die Schule es richten. Aber auch dort sei es fünf vor Zwölf. In anderer Wendung als bei Precht und Hüther, die eher zu viel Dressur in unseren Schulen vermuten, sieht Winterhoff die Ursache für das Versagen darin, dass durch Nicht-Handeln der Pädagogen in Deutschlands Schulen blanke Anarchie und anstrengungsfreie Beliebigkeit herrsche.

Dass Winterhoffs Texte von Eltern und Lehrer*innen massenhaft gekauft werden, erstaunt angesichts der vernichtenden Angriffe auf deren Tätigkeit. Oder betreibt er eher einen modernen Ablasshandel für alle, die nicht *wirklich* Schuld sind an der Misere? Bei denen es ja gar nicht soo schlimm ist und die ja *eigentlich dagegen* sind, also nur gezwungener Maßen handeln wie sie handeln? Die eingestreuten Interviews von Hausmeistern, Berufsschul- und Gymnasiallehrer*innen zeigen diejenigen, die die besseren Motive (als alle anderen?) haben, die von der Bildungsbürokratie zum Handeln gegen ihren Willen gezwungen werden oder gar *under cover* die *wahre Pädagogik* ausführen. Unterdrückte Lehrer*innen, die nicht leiten dürfen, und symptombeladene Jugendliche aus der Praxis des Autors zeichnen ein derart pessimistisches Bild (»Schule ist zu einem Spielfeld für Ideologen verkommen«, ebd., S. 29), dass man sich fragt: Wer will denn das lesen?

Ziemlich viele! Etliche, die keine Lust auf eine differenzierte Auseinandersetzung mit Entwicklung und Bildung haben, etliche, die lieber wieder einen *ordentlichen* lehrerzentrierten Unterricht haben wollen und – nicht zuletzt – das schöne Katastrophen-Gruseln mal wieder brauchen[38]. Winterhoff: »Der Kampf geht also weiter. Es steht zu hoffen, dass die Bildungspolitiker der deutschsprachigen Länder schnellstmöglich die Reißleine ziehen und wieder auf das einzig wirksame Vorgehen, also den lehrerzentrierten und orientierenden Unterricht einschwenken.« (Ebd., S. 210) Weiter bringt das die Bildungsdiskussion leider nicht, im Gegenteil: Es wird, laut Winterhoff, für diejenigen schwerer, die Schüler*innen zu mehr Selbstverantwortung *leiten* (sic!) wollen. Der Elternabend mit überzeugten Winterhoff- Leser*innen, bei dem ein solches Konzept vorgestellt wird, könnte schon an den durch den Kinder- und Jugendpsychiater korrumpierten Begriffen scheitern, da »[...] der Lehrer als Lerntapete nur noch im Hintergrund fungiert« (ebd., S. 33). Die Lehrperson sagt zum Beispiel »offener Unterricht« und die Eltern hören »reine Augenwischerei« (ebd., S. 35) oder »individuelles Lernen« und es kommt an: »Luftnummer« (ebd.) Da könnte der vortragenden Lehrperson direkt der Spruch vom Schuster und seinen Leisten einfallen…

Auszüge aus einer Textpassage, die ein Interview mit einem Hausmeister darstellt, zeigen das Verfahren, mit dem Winterhoff an Aussagen über Schule kommt:

> »Ich unterhalte mich mit Herrn S., dessen kluger Blick auf die Kinder unbeeinflusst ist von jeder Dogmatik. Seit elf Jahren besorgt er in einer nordrhein-westfälischen Stadt als Hausmeister in den dortigen öffentlichen Schulen für reibungslose Abläufe. Er und sein Team haben miterlebt, wie aus einer Haupt- und Realschule eine Gesamtschule wurde, weil sich der Bürgermeister (!) für die Zusammenlegung stark gemacht hatte[39]. […] MW: Wie sieht Ihr Arbeitsalltag im Vergleich zu früher aus? AS: Es ist ein Unterschied wie Tag und Nacht. Die Kinder laufen heute auch während der Unterrichtsstunden in Zehner- und sogar Zwanzigertrupps in den Fluren herum. Auf Strümpfen! Sie werden – ganz offiziell – von den Lehrern aus dem Klassenzimmer geschickt, damit sie irgendwelche Aufgaben erledigen.« (Ebd., S. 79f)

Schlussfolgerungen sind unter anderem:

> »Dass Kinder auf die Schulflure ausgelagert werden, ist nur eine der vielen Auswüchse des autonomen Lernens. […] Schüler werden alleingelassen und zum Blödsinnmachen verführt. […] Lehrer sind genauso wie die Kinder Opfer der verfehlten Schulpolitik. […] Kein Wunder, dass die Situation an den Schulen manchmal völlig aus dem Ruder läuft. Die vielen Hilferufe von Lehrerkollegien und Schulleitungen, die mit den Kindern und Jugendlichen nicht mehr zurechtkommen, zeigen das. Den Anfang des Reigens machte im Frühjahr 2006 die Rütli-Schule« (ebd., S. 80f).

Zu der Frage, warum sich Lehrer*innen denn nicht gegen die von Winterhoff beschriebenen Zustände wehren oder öffentlich dazu Stellung bezögen, gibt er eine logisch zirkuläre Erklärung bei Markus Lanz: Zum einen hätten sie »einen Maulkorb« auf und könnten demzufolge keine öffentliche Kritik betreiben, zum anderen aber kämen viele Lehrer*innen bei seinen Vorträgen zu ihm und erklärten, dass er mit allem Recht habe und sie nur heimlich hinter verschlossenen Türen mit Kindern in unterrichtliche Beziehung treten dürften.[40]

Lanz bestätigt, dass es eine gewisse Zurückhaltung von Pädagog*innen gebe, bei ihm aufzutreten. Unsere Gedanken dazu wären: Gibt es inzwischen vielleicht viele in dieser Profession, die sich keine öffentlichen Prügel mehr abholen möchten? Und: Das Einladeverhalten für solche Shows – wenn auch mit dem Gestus von Information gearbeitet wird, sind es *Unterhaltungssendungen* – muss unter dem Aspekt so gesteuert werden, dass hohe Zuschauerquoten erreicht werden. Was zählt ist: *Prominenz allein*, *Prominenz mit der jeweils passenden Sachkunde*, *Aktualität* und *Skandal*. Am Ende des Auftritts 2019 von Winterhoff bei Lanz kündigt letzterer an, er werde die Kultusministerin, eine Lehrperson und Winterhoff zusammen einladen. Die Chancen der Lehrerin X aus Y dort mit der Nachricht »Meine Wirklichkeit ist das nicht« oder gar »Das kann man so pauschal nicht sehen!« eingeladen zu werden, gehen gegen Null. Die Aussichten steigen allerdings mit Skandalisierung (»Was wir unseren Kindern in der Schule antun«, Czerny 2010), Reduktion von Komplexität (»Deutschland verdummt«, Winterhoff o.J. [2019].), logischer Provokation (»Ist die Schule zu blöd für unsere Kinder?«, Kaube 2019) und anderen populistischen Mitteln. Zur Rolle, die Medien in der Darstellung von erzieherischer Wirklichkeit dadurch darstellen, später mehr.

Winterhoffs pädagogischer Pessimismus, der nicht nur beim Thema Schule auftaucht, ist geprägt von einem Bild von Kindern und Jugendlichen, die nur lustbetont agieren, etwa zu 50 % psychisch gestört und nur durch die Schule alter Art zu dirigieren seien. So manche selbstständig und problemorientiert arbeitenden Schüler*innen dürften jetzt mal kurz sehr beleidigt sein. Ebenso ihre Eltern und Lehrer*innen. Im Allgemeinen aber hat der »bekannteste Kinderpsychiater Deutschlands« Expertenbonus.

1.4 Der Hirnforscher: Gerald Hüther

Gerald Hüther gilt als einer der »bekanntesten Hirnforscher Deutschlands« (Verlagswerbung) und ist seit vielen Jahren als Vortragender, Interviewpartner und Autor tätig. Seine Motivation, »für andere Menschen verstehbar zu machen, was vielen nur schwer verständlich erscheint« beruhe, so erklärt er, auf wissenschaftlichen Erfahrungen und der Erkenntnis, dass die Mehrzahl der Störungen des Gehirns in »ungünstigen krankmachenden Beziehungserfahrungen« (www.gerald-huether.de, Startseite)[41] zu finden sind.

Mit dem Titel »Jedes Kind ist hochbegabt« tritt Hüther 2012 eine Karriere als vielgelesener Star der pädagogischen Szene an und mit der »*Vision Summit EduAction 2013*« in Berlin[42] wird er zu einem der führenden Befürworter einer »Bildungsrevolution«. In dieser Angelegenheit tourt der mit gewiefter rhetorischer Autorität agierende Autor durch die Bildungsforen, Talkshows und Videoclips. Die Botschaft ist einfach und einfach schön: Kinder wollen lernen, aber Schule hindert sie daran.

Die Begriffskategorien seiner Argumentation sind wiederkehrend. *Potentialentfaltung*, *Gelingen* und als entscheidende Kategorie *Begeisterung* (»Begeisterung ist Dünger für das Gehirn«[43]) sind seinen Darlegungen unterlegt.

Dass emotional begleitete Gedächtnisinhalte mit weniger Wiederholungen gespeichert werden, gehört zum ABC der Lernbegleitung, dass aber diese alten Weisheiten als neurodidaktische Erkenntnisse reichen, um staatliche Schulen der maximalen Dressur zu bezichtigen, ist doch recht eindimensional hergeleitet.

Zweifel an Hüthers Qualifikation und eher skeptische Einschätzungen der Aussagekraft von neurobiologisch hergeleiteten Aussagen zum Lernen sind immer mal in der Wissenschaft geäußert worden (dazu: Wartburg 2013/14; Spiewak 2013). Auch auf die Gefahr, dass die Neurobiologen durch erheblichen Einfluss auf die öffentliche Meinung gefährlich in den Diskurs von Schulveränderung hineinwirken könnten, wurde mehrfach hingewiesen. Wie es mit der Wirkung dieser belehrenden Aussagen auf die Praxis aussieht, bleibt aber eher undurchsichtig. Fakt ist, dass es Hüther gelingt, vereinfachend und sympathisch agierend ein breites Publikum zu erreichen. Und: Die Rolle des Hirnforschungs-Experten ist sicherlich die medial reizvollere als die des auf Belegen und Herleitungen beharrenden Wissenschaftlers, der die Reduktion der Komplexität eben nicht *frei Haus* liefern kann. Hüther selbst unterscheidet auf seiner Homepage zwischen wissenschaftlichen (3 Titel, 1998-2000) und einer Vielzahl von populärwissenschaftlichen Büchern (30 Titel, 2005-2020).

Mit der Attitüde sympathischer Bescheidenheit erklärt er, »von Vielem keine Ahnung« (Hüther, Mediathek[44]) zu haben, aber er mache sich seit »jeher immer gerne Gedanken« (ebd.).

Der Zusammenhang zwischen neuronaler Aktivität und Denken ist jedoch entschieden komplexer als von den populären Hirnforschern behauptet und wird auch weiter erforscht[45], trotzdem gibt es nach wie vor eine klare Anhängerschaft dieser eher vereinfachenden Sicht auf Lernprozesse. Die Attraktivität unkomplizierter Welterklärungen mit aus den Naturwissenschaften stammenden Analogieschlüssen ist ungebrochen. Hüther beschäftigt sich auch mit anderen Aspekten unserer Kultur (»Würde. Was uns stark macht«, »Wege aus der Angst«, »Raus aus der Demenzfalle»), und ist gleichzeitig durchgängig mit der »*Bildungskatastrophe*« befasst. So unterhält er laut Homepage eine *Akademie für Potentialentfaltung* und eine *Initiative für Schule im Aufbruch.*

»*#Education for Future. Bildung für ein gelingendes Leben*« heißt der 2020 erschienene Titel von Hüther, den er zusammen mit einem Sozialpädagogen und einem Sportmanager geschrieben hat (Hüther/Heinrich/Senf 2020). »Ein Aufruf zur Emanzipation. Und ein haltgebender Mutmacher für Eltern, Lehrer und alle, denen die Zukunft der jungen Generation am Herzen liegt« (Verlagstext). Das Lesepublikum ist damit klar definiert, und welcher pädagogisch Tätige würde zu sagen wagen, dass ihm die Jugend nicht am Herzen liegt?

Der Titel mit Hashtag, englischer Sprache und positiver Untertitelung wirkt aktuell aufgemacht, populistisch oder aus der Perspektive der Hirnforschung verfasst erscheint er zunächst nicht. Im ersten Teil des Buches schreibt Hüther, im zweiten Teil von Marcell Heinrich und Mitch Senf, Gründern der *Hero Society*[46], geht es um die praktische Umsetzung, also darum, die Jugendlichen dabei zu unterstützen »ihre Superkräfte« (»Das Autorenteam möchte Superkräfte wecken«) zu entfalten.

Die Genese der Kooperation zwischen den drei Autoren erklärt sich zu Beginn des zweiten Teils: Hüther, Heinrich und Senf haben sich 2012 beim *Entrepreneurship Summit* kennengelernt, wo Hüthers Rede »so berührend war, dass der halbe Saal feuchte Augen bekam« (Hüther/Heinrich/Senf 2020, S. 108). Neben dem Aspekt der offenbar charismatischen Wirkung Hüthers stellt sich die Frage, wie es sein kann, dass sich zwei erfolgreiche, mit ihren Alternativprogrammen bekannte pädagogische Profis von einer Darstellung so genau »abgeholt« fühlen können? Sind wir an einem Punkt der Entwicklung von Schule, an dem es nicht mehr besonders originell sein *kann*, den schlechten Zustand unseres Schulsystems zu beklagen, weil diese Einschätzung gedankliches Allgemeingut wird? Und kann dann derjenige, der es am populärsten und (unter Auslassung vieler Aspekte) auf den Punkt bringt, allein durch das gewählte *Verfahren* der Einflussreichste sein? Weil er Pädagog*innen deutlich bestärkt?

So einfach ist das allerdings auch nicht, denn es werden in diesem Gedankengut so viele Handlungsfelder ausgelassen, in denen gesellschaftliche Kräfte (auch im Sinne von Macht) wirken, dass wohl eher in pädagogischen *Randlagen* wie *#Hero Magic* (ebd., S. 111) die Handlungsfreiheit herrscht, Gegenströmungen verwirklichen zu können. Dabei ist die Popularität des Haupt-Autors sicherlich hilfreich.

Die Beispiele aus der Praxis nicht institutionalisierter Bildung sind sehr einnehmend und bildhaft vorgetragen. Der Ansatz versteht sich als Ergänzung zu schulischer Ausbildung und zeigt Verfahren, wie Selbstgewissheit durch Erfahrung unterstützt werden kann. Somit kann der 2. Teil des Buches der drei Autoren für – in solchen Randlagen von Schule pädagogisch Tätige – durchaus interessant sein, auch wegen einer umfangreichen Zusammenstellung von interessanten Internetadressen. Die angefügten Falldarstellungen sind als *pädagogische Rettungsberichte* unterhaltend und teilweise auch lehrreich.

Wir beschäftigen uns vorrangig mit dem ersten Teil des Buches, der von Gerald Hüther verfasst wurde. Er betont zu Beginn, dass alle drei Verfasser »keine Lehrer und nicht verbeamtet« (ebd., S. 18) sind und schützt sich und seine Mitautoren damit vor dem Verdacht der Teilhabe am System. »Wir sind ausgebildet als Hirnforscher (Gerald Hüther), als Sportmanager (Mitch Senf) und als Schulsozialarbeiter (Marcell Heinrich). Aber wir sind vor allem lebendige Menschen, auch Väter, und wir sind auf der Suche nach dem, was uns und unsere Kinder glücklich macht. […] Zu dritt können wir uns das gegenwärtige Geschehen in unseren Schulen deshalb aus unterschiedlichen Blickwinkeln und mit dem nötigen Abstand anschauen. Klar, dass wir so auch etwas anderes sehen und dass wir das, was dabei für uns sichtbar wird, anders bewerten, als das all jene tun, die selbst Teil dieses Systems sind.« (Ebd., S. 19) Logisch plausibel ist der Hinweis auf den oft hilfreichen Blick von außen, zugleich aber auch selbst inszenierter Freispruch bezüglich Mittäterschaft an den scharf kritisierten Schulen.

Die kontrovers geführte Bildungsdebatte wird von Hüther als Fundamentierung eines Misstrauens gegenüber der gesamten Bildungslandschaft angeführt: »Wer dieses ganze Hin und Her und das ständige Für und Wider der heute üblichen Bildungsdebatten als unbefangener Beobachter von außen betrachtet, kann sich des Eindrucks kaum erwehren, dass da etwas nicht stimmt. Nicht irgendwas, sondern etwas ganz Grundsätzliches.« (Ebd., S. 13) Die Menge der sich widersprechenden Forderungen und Vorstellungen führe zu einem Durcheinander, das nur durch eine Einigung der Mitglieder der Gemeinschaft »über den Sinn und Zweck ihres Tuns« (ebd., S.13) zu ordnen sei.

Das klingt sowohl plausibel als auch vernünftig und weckt die Sehnsucht nach einem Zustand, in dem es uns gelingt »uns miteinander darauf zu verständigen, wofür Bildung gebraucht wird und wozu sie Kinder und Jugendliche befähigen soll« (ebd., S.13). Dem wird niemand im Bildungsbetrieb widersprechen, nur wie soll es gehen?

Die Einstimmung im Vorwort – die Leser*innen erwarten neurolinguistische Hinweise – beginnt mit der in der Tat überraschenden Bemerkung (»Es wird Sie vielleicht überraschen«, ebd., S. 13), dass nicht die Kultusbürokratie, sondern der »zweite Hauptsatz der Thermodynamik« für das Misslingen von Bildung verantwortlich ist.[47] Erklärung folgt später.

Das Verfahren, mit dem Hüther hier zum wiederholten Male arbeitet, ist die Anleihe bei naturwissenschaftlichen Ansätzen, um die besondere Reputation, die dieser Bereich gesellschaftlich genießt, zur Plausibilisierung heranzuziehen. Ironischer Nebenaspekt dieses Verfahrens ist, dass er selbst die einseitige Ausrichtung von Schule auf Kognition und Fakten kritisiert.

Die Aburteilung der Institution Schule wird von Hüther erklärtermaßen nicht erneut vorgetragen: »Aber keine Angst, all diese Miseren werden in diesem Teil nicht noch einmal beschrieben.« (Ebd., S. 28) Die Tatsache, dass Schule als hierarchische Organisation überlebt hat, führe dazu, dass sie selbststabilisierend wirke. »Es ist gut zu wissen, dass es solche selbst verhärtenden Organisationsstrukturen gibt, aber verändern oder gar auflösen lassen sie sich ja nicht dadurch, dass sie beschrieben werden« (ebd., S. 28). So weit, so bekannt.

Dass diese »Ignoranz« und »Dickhäutigkeit« (ebd., S. 33) bei den Vertretern der derzeitigen Schule ihre Ursache in der Arbeitsweise des Gehirns haben, weil nämlich alles, was lebendig ist, nach einem Zustand strebe, »in dem die geringste Energie verbraucht wird« (ebd., S. 33), ist also die in der Einleitung angekündigte Erklärung mit dem zweiten Hauptsatz der Thermodynamik. Der Zustand, in dem alles optimal zusammenpasse, der mit dem geringsten Energieverbrauch, werde als Kohärenz bezeichnet, erfahren die Leser*innen. Und weiter:

Die Transformation unserer Lebenswelt in eine digitale und globalisierte Zukunft führe dazu, dass die »viel zu starren hierarchischen Macht- und Herrschaftsstrukturen« sich als unzureichend erweisen, »um einigermaßen Ordnung in diese hochkomplexe Lebenswelt zu bringen.« (Ebd., S. 39) »In den Schulen haben die Lehrer wachsende Schwierigkeiten, für Ruhe und Ordnung im Unterricht zu sorgen und ihre Lehrpläne umzusetzen.« (Ebd., S. 40)

Hüther entfaltet unter dem Titel »Das Ende von Schulen, wie wir sie kannten«

den Gegensatz von Ausbildung und Bildung, um dann das »Ende der Lohnarbeit« (ebd., S. 44) anzukündigen. Nach der Unterscheidung von entfremdeter und nicht entfremdeter Arbeit stellt Hüther fest, dass erstere die Menschen zu Objekten macht und damit lediglich für ein Hineinwachsen in tradierte Hierarchien qualifiziert. Diese Personen würden dann in der zukünftigen Arbeitswelt nicht mehr gebraucht und müssten demzufolge Bezahlung ohne Arbeit erhalten. »Da diejenigen, die nur für Geld arbeiten, zwangsläufig auch diejenigen sind, die sich für ihr dann so schwer verdientes Geld etwas gönnen und leisten wollen, sind diese Personen genau diejenigen, die unseren Planeten seit einigen Jahrzehnten in bedrohlicher Weise ausplündern, vermüllen und zu ruinieren drohen: mit ihren Konsumbedürfnissen, ihren Ferienreisen mit Billigfliegern, ihrem Schnäppchenjägertum, ihrer Wegwerfmentalität und ihren Plastikmüllabfällen. Oder ganz allgemein: mit der unglaublichen Gedanken-, Würde- und Sinnlosigkeit, die ihr Denken und Handeln bestimmt.« (Ebd., S. 50) Hüther sieht diese Klientel dann künftig in virtuellen Welten unterwegs, deren »Entwicklungskosten […] gegenwärtig von der Pornoindustrie finanziert« (ebd., S. 50) werden. »Sie vermehren sich auch nicht mehr, weil der virtuelle Sex mit den Pornoprogrammen ihrer Brillen viel weniger Arbeit macht und jederzeit und nach Belieben besser funktioniert als der mit einem lebendigen Partner.« (Ebd., S. 51) Dieses – gelinde gesagt – wenig erfreuliche Zukunftsbild schildert der Autor als unausweichlich, wenn »wir einfach weitermachen wie bisher.« (Ebd., S. 51) Dieses in zwei Lager aufgeteilte Menschenbild erscheint uns elitär und gefährlich.

Um uns auf die Alternative – nämlich nicht so weitermachen wie bisher – einzustimmen, arbeitet er wieder mit einem Begriff aus der Physik: *Imaginärwertigkeit.*

> »Moderne Physiker gehen davon aus, dass in jeder materiellen Struktur etwas verborgen ist, das aber erst dann als beobachtbares Phänomen zutage tritt, wenn es dafür günstige Bedingungen und Voraussetzungen gibt. […] Und das gilt erst recht für uns Menschen. Wir liefern tagtäglich den Beweis dafür, dass etwas zunächst nur in unserer Vorstellung existiert, also als Imagination, als eine Idee oder ein Traum. Und wir versuchen ständig, diese Vorstellungen und Träume zu verwirklichen. Wenn uns das gelingt, sind sie keine Imagination mehr, sondern Realität.« (Ebd., S. 53f)

Der Vorteil der Einführung eines neuen Begriffes an dieser Stelle erschließt sich den Leser*innen nicht unmittelbar, wenn es doch Alltagswissen ist, dass Menschen sich durchaus etwas vorstellen können, was es nicht tatsächlich gibt – und das in Abschattierungen von Intensitäten. Gibt der Autor die Erklärung vielleicht selbst?

> »Der nach Halt und Orientierung suchende Blick vieler Menschen richtet sich seit dem Beginn der Aufklärung auf die Wissenschaft. Vor allem von den objektiven Be-

funden und Erkenntnissen der Naturwissenschaftler erhoffen sie sich eine Klärung der Fragen, wie die von ihnen beobachtbaren Phänomene zusammenhängen, wie sie zustande kommen, welche Gesetzmäßigkeiten ihnen zugrunde liegen und was in Zukunft noch alles auf uns zukommt. Unberechtigt ist diese Hoffnung nicht.« (Ebd., S. 58)

Allerdings räumt er ein, dass Revisionen von Theorien durch neue Erkenntnisse gelegentlich nötig seien: »So erweist sich das, was als wissenschaftlich und objektiv begründete Vorstellung Halt und Orientierung für die eigene Lebensgestaltung bieten soll, als eine Dauerbaustelle.« (Ebd., S. 58) An dieser Stelle bietet Hüther dann seinen Leser*innen eine kurze Darstellung dessen, was sich an wissenschaftlichen Anschauungen – über die Gesundheitswirkung von Margarine bis zur Vererbung von erworbenen Eigenschaften – in den letzten Jahrzehnten geändert hat und präsentiert sich so auf der Höhe der Zeit.

Viele Halt gebende und tradierte Vorstellungen des Machbaren hätten sich aufgelöst, so dass es keine allgemeingültige gesellschaftliche Übereinkunft mehr gebe. In solchen Phasen des Umbruchs hätten »Scharlatane und geistige Rattenfänger Hochkonjunktur.« (Ebd., S. 60)

Dem gegenüber stünden änderungsresistente Ordnungsstrukturen und Muster. Es folgen weitere Ausführungen zum Thema Schule, die als solche allgemein bekannt sind und man wartet unwillkürlich auf den »Clou« der Darstellung. Denn wenn »alles, was im Gehirn oder beispielsweise in unserem Schulsystem geschieht, auf Energiesparen ausgerichtet« (ebd., S. 63) ist, gibt es keinen Ausweg aus dieser Misere, solange es auch nur halbwegs funktioniert.

> »Prinzipiell ist der Umbau unzweckmäßig gewordener Strukturen sowohl im Gehirn als auch in der Gesellschaft möglich. Aber offenbar nicht so, wie es bisher immer wieder versucht worden ist. Weder die im Gehirn herausgeformten Vernetzungen noch ein einmal entstandenes Bildungssystem lassen sich verändern, solange nicht vorher Klarheit darüber gewonnen wird, auf welche Weise die jeweils zugrunde liegenden Strukturen entstanden sind und wodurch sie stabilisiert werden. Wir hatten ihn schon kurz erwähnt, diesen zweiten Hauptsatz der Thermodynamik, der die Nervenzellen in unseren Gehirnen und damit uns Menschen dazu bringt, so zusammenzuwirken, dass nicht nur im Gehirn, sondern auch in der Gemeinschaft möglichst wenig Energie verbraucht wird. [...] Deshalb ist alles, was im Gehirn oder beispielsweise in unserem Schulsystem geschieht, auf Energiesparen ausgerichtet.« (Hüther 2020, S. 63)

Abgesehen von dem durchaus interessanten Analogieschluss bekommen die Leser*innen nun mit einigen Fachbegriffen erklärt, dass, wenn man eine Situation von Inkohärenz in mehr Kohärenz überführen kann, das Individuum ein gutes Gefühl hat: »Arousal nennen das die Hirnforscher, und das ist nur ein anderer Ausdruck für Durcheinander« (ebd., S. 64). Da die Inkohärenz dann reduziert und Energie frei werde, könnten Zellgruppen im Mittelhirn aktiviert werden, das geschehe vor allem durch »Katecholamine und endogenen Opiate« (ebd., S. 64). »Und das erzeugt ein sehr gutes Gefühl, eine ›Erfolgserlebnis‹«. (Ebd., S. 64)

Was dabei die Erläuterungen und Fachbegrifflichkeit zur weiteren Erhellung des Tatbestandes leisten, bleibt den Leser*rinnen verborgen. So würden erfolgsgewohnte Menschen zu »Schönrednern« und »Abwehrkünstlern«, weil sie die Veränderung der Wirklichkeit nicht wahrhaben wollten. »Dieses physikalische Grundgesetz wirkt universell«. (Ebd., S. 66)

Neben Erklärungen zu extrinsischer und intrinsischer Motivation, dem emotionalen Gefangen-Sein, das er *Ver-Wicklung* nennt, dem das *Ent-wickeln* folgen soll, kommt er zum Punkt: Das Neue muss attraktiver sein als das Jetzige und es muss Klarheit darüber herrschen, wodurch die »jeweils zugrundliegenden Strukturen entstanden sind«! (Ebd., S. 63)

Die Leser*innen haben jetzt einige neue Fachbegriffe erklärt bekommen, ob allerdings neue Erkenntnisse transportiert wurden, steht in Frage. Das Bemühen um naturwissenschaftlich unterlegte Begrifflichkeit ist auffällig, ein Anknüpfen an die Sehnsucht der Sozialwissenschaften nach Eindeutigkeit?

Die Umgestaltung unseres Schulsystems sieht Hüther hier und da begonnen, aber eben ohne Auswirkung auf das Gros der Institutionen.

Hüther erkennt eine mögliche Lösung des Problems darin, dass man Schulen die Ausbildung machen lässt und die Einlösung des übrigen Bildungsauftrags dem »richtigen Leben« (ebd., S. 98) überlässt. Wie er sich das praktisch vorstellt, bleibt etwas im Nebel: »[...] geeignete Begleiter und entsprechend viele Orte und Gelegenheiten zu finden, die Kindern und Jugendlichen die Möglichkeit bieten, das Leben in all seiner Vielfalt kennenzulernen [...]« (Ebd., S. 101).

Diese Kombination von Schule und Leben hat ja bereits in viele Reformvorstellungen Einlass gefunden und nicht wenige Erzieher*innen wären froh, wenn solche grundlegenden Veränderungen möglich wären. Der Aufruf, uns zusammenzutun als »Pioniere der Bildung«, »fortan allen Abrichtungsmethoden und -strukturen zu entsagen« (ebd., S. 114): »Deshalb doktern wir nicht an diesen Strukturen herum. Sondern zeigen Ihnen Möglichkeiten und Wege, die funktionieren, hier und da auch mal Schlupflöcher und Nischen« (ebd., S. 113) ist ja sympathisch. Leider haben wir es aber mit hochkomplexen Zusammenhängen zu tun, deren Problematik mit dem guten Willen der Beteiligten allein nicht aufzulösen sind. Und Hüthers Vermutung, dass die in Schule Tätigen eher geneigt sein könnten, Kinder und Jugendliche »nach ihren eigenen vorgefertigten Maßstäben zurechtzubiegen.« (Ebd., S. 113) trifft alle diejenigen zutiefst, die daran arbeiten, genau das nicht zu tun.

Konfrontiert mit zwei Beispielen alternativer Schulen, die dem pessimistischen Schulbild Hüthers so gar nicht entsprechen (DAS!, NDR vom 21. August 2020) erklärt er, man könne schon einiges machen, indem man den Rahmen dehne, den Schule biete.[48] Er prognostiziert, dass die Pandemie die Entwicklung beschleunigen und seine Vision umgesetzt werden könne, zum Beispiel ein Stadtteil sich zum Lerncampus erklären würde, in dem es dann eben auch ein *Haus namens Schule* gäbe.

An alternativen Vorstellungen zur gegenwärtig typischen Schule arbeiten viele Pädagog*innen und Schulen seit vielen Jahren und mit hohem Engagement. Es sind Bemühungen, die Hüther ignoriert und deren Umsetzung er mit der pauschalen Aburteilung unseres Schulsystems nicht leichter macht.

Wir haben diesen Autor mit einer seiner letzten Print-Publikationen dargestellt, seine mediale Präsenz spielt ebenfalls eine große Rolle. So wirbt Hüther in dem vorgestellten DAS-Format für seine neueste Publikation.[49] Diese Verflechtungen von kurzzeitig geweckter Aufmerksamkeit in Bild-Medien und das Werben um Aufmerksamkeit für Printmedien ist ein durchaus gängiges Verfahren zur Steigerung der Auflagenzahlen, hat aber durch die Kommentierungen im Netz durch die »Fans« der Populisten auch noch weitere Effekte.

1.5 Der Historiker und Kindheitsforscher: Michael Hüter

Michael Hüter lebte bis 2012 als freischaffender Pianist und Komponist. Aufgrund der persönlichen Erfahrung eines sich neun Jahre hinziehenden Obsorgeverfahrens, so die österreichische Bezeichnung für Sorgerechtsfeststellung, veröffentlicht er 2014 den Titel *Krieg gegen Väter*, später überarbeitet als *Ich will zu dir!* (Hüter 2018; 2020)

In seinem zuerst 2018 erschienen, 2019 neu aufgelegten Titel *Kindheit 6.7 – Ein Manifest*[50] – mahnt er, wir hätten eine durch mehr und mehr Schul-Zwang geprägte Welt erschaffen, die etwa 50 % der Kinder krank mache, weil wir den Blick für die Bedürfnisse des Kindes verloren hätten. Gleich an prominenter Stelle gratuliert ihm Gerald Hüther zu diesem Buch, das deutlich mache, dass es »mit unserem Bildungssystem so wie bisher nicht weitergehen kann« (Homepage Gerald Hüther)[51] und er empfiehlt es allen Bildungsverantwortlichen als »Pflicht-, allen Eltern als Lieblingslektüre«. Michael Hüters Buchtitel bezieht sich zum einen auf das Lebensalter, in dem Kinder ihre bleibenden Zähne bekommen und schulpflichtig werden, durch die Schreibung aber auch auf Digitalisierung.

Hüter fragt in seinem »Vorspann«:

> »Wie konnte es so weit kommen, dass das Aufwachsen von Kindern schon beinahe dem Aufwachsen von zusammengepferchten Hühnern in industriellen Legebatterien gleichgestellt wird? Immer mehr Menschen wünschen Eier von ›glücklichen Hühnern‹. Wieso hat aber das Menschenkind kein Recht, glücklich und artgerecht aufzuwachsen? Bereits über 50 % aller heranwachsenden Kinder in Deutschland und Österreich (und auch andernorts) zeigen nicht altersadäquate Auffälligkeiten oder Defizite. Entweder im somatischen Bereich (Adipositas/Magersucht), im Bereich so-

zialer Kompetenzen (Sozialisierungsmängel, Regelabsentismus, Beziehungsarmut), oder motorischer und kognitiver Kompetenzen. Hinzu kommt ADHS, immer früher einsetzender regelmäßiger Alkohol- und Drogenkonsum, und schließlich auch noch (vereinzelt schwere) Gewalt- und Kriminalitätsdelikte, manchmal schon von 12- und 13-Jährigen. Das alles wird bei Kindern unter 14 Jahren in einem breiten Ausmaß beobachtet und festgestellt. Zweifelsohne ist dies alles mehr als alarmierend. Ich halte es aber für einen gravierenden Fehlschluss, all die besorgniserregenden Phänomene damit beheben oder mildern zu können, indem wir nun Lehrer auch noch als Psychologen mit ausbilden sollten, wie das unter anderem der Psychologe M. Winterhoff in seinem Buch *SOS Kinderseele* fordert. Damit die Seele/Psyche so vieler vernachlässigter Kinderseelen durch die Hilfe und Intervention eines Lehrers ›nachreifen‹ kann. Das ist nicht die Aufgabe eines Lehrers, keines einzigen Schultypus.« (Hüter 2020, S. 11)

Hüters Erklärung, Familie solle »hier nicht idealisiert werden« (Hüter 2020, S. 66), kann angesichts des Lobliedes aller ihrer Funktionen und Leistungen nur schwer nachvollzogen werden. Der zentrale Befund, der den Text durchzieht, ist die vielfach bekräftigte Feststellung, den Kindern sei es noch nie so schlecht gegangen wie heute. Dass Kinder sich nicht mehr »altersgemäß entwickeln« könnten, sei »seit vielen Jahren ein nahezu einstimmiger Tenor von Psychologen, Pädagogen, einigen Soziologen und Neurobiologen.« (Ebd., S. 11) Die Herleitung dieser Aussage bleibt unklar: Auffällig ist, dass es kaum nachprüfbare empirischen Verweise gibt. In gewissem Gegensatz bezüglich der Zielrichtung des Buches stehen die Aussagen, der Autor habe jahrelang »investigativ recherchiert« zu dem Untertitel »ein Manifest«, das ja eine öffentliche Erklärung/ein Programm zu einem erkannten Tatbestand darstellt. So liest sich das Buch eher als immer neue Bekräftigung einer Überzeugung in einem zirkulären Begründungsrahmen.

Zur katastrophalen Lage der Kinder in Deutschland und Österreich werden zwar Prozentangaben gemacht, allerdings ohne Quellen. Steigende Probleme von ADHS bis Drogensucht werden konstatiert und festgestellt, 60 % der Lehrer stünden vor dem Kollaps. Interessant in diesem Zusammenhang ist die Bemerkung, »vor 30 Jahren«, (»Keiner sagt vor 10 […], vor 20 […] oder vor 40 Jahren«, ebd., S. 38) – er bezieht sich hier auf verschiedene »Berichte von Lehrern, Direktoren, Pädagogen und Psychologen« –, »habe es alle diese Verhaltensauffälligkeiten und Defizite der Kinder (Schüler) nicht gegeben« (ebd., S. 38). Wenn wir zurückrechnen, so waren die Kinder (Erstauflage des Buches 1998) um etwa 1968 noch altersgemäß entwickelt, zeigten kaum Verhaltensweisen, die später mit Begriffen wie ADHS zusammengefasst wurden, insgesamt gesünder. Oder ist vielleicht die erinnerte Lebensspanne derjenigen ausschlaggebend, die nun alles verändert und vielleicht beschwerlicher finden? Sei's drum: Es kann ja sein, dass die Aussage trotz dünner Datenlage (wenige Berichte) so möglich ist[52], aber die einseitige Kausalattribuierung, die Hüter dazu bietet, ist folgende: Von den 1980er Jahren an wurden Schule und Kindergarten immer mehr über den Tag ausgedehnt. Schule sei strukturell gleich geblieben, habe aber immer mehr Zeit eingenommen. Das sei die Ursache für die beschriebenen Probleme.

Diese Form der Verallgemeinerung und Zuspitzung auf *eine* gesellschaftliche Ursache (staatliche Bildung[53]) wird, sowohl, was die – weitgehend unbelegten – Befunde als auch die behaupteten Ursachen anbelangt, hauptsächlich durch Zeitungsberichte und Erzählungen unterfüttert und die jeweils genannten Zahlen sind unter dem Aspekt »hört sich schlimm an« (Stichwort *Skandalisierung*) ausgewählt. Hier setzt er sich auch sehr kritisch mit Prechts Darstellung auseinander, er bezeichnet dessen Text als

> »Streifzug durch die vorrangig deutsche Bildungsgeschichte und eine Zusammenfassung der Schulkritik, die es in den verschiedensten Publikationen seit Jahrzehnten gibt, […] Alles letztlich okay oder streitbar, würde sich nicht am Ende des Buches ein kurzes und höchst fragwürdiges Kapitel finden: ›Kindergartenpflicht‹.« (Ebd., S.43)

Die – so Hüter – im Nationalsozialismus eingeführte »Schul- und Bildungspflicht (der Schulzwang)« wurde »bis heute beibehalten« (ebd., S. 43). Die Ablehnung von Home-/Unschooling von Precht, der vermutet, die Erziehung zum Staatsbürger könne nur durch Schulen geleistet werden, stößt bei Hüter auf scharfen Widerspruch. Dabei berufen sich beide auf Humboldt. Der eine auf dessen Vorstellung vom Sozialwesen, der andere auf die Tatsache, dass Humboldt »familial und ›im wirklichen Leben‹ sozialisiert« wurde und »im Weiteren von einem ganzen Stab von ›Spezialisten‹ und besten Köpfen, jedenfalls nicht von Pädagogen, häuslich unterrichtet« (ebd., S. 44) wurde. Dann führt er Goethe an und die vielen großen Geister ihrer Zeit, denen es offensichtlich nicht geschadet habe, häuslich unterrichtet zu werden und die keinesfalls »asozial« geworden seien. Auf den folgenden 333 Seiten führt Hüter noch eine Vielzahl solcher Unschool-Karrieren auf, die allesamt besonders erfolgreiche Lebenswege begründet hätten.

Wenn wir nun den Umkehrschluss, den die Argumentation Hüters nahelegt, vollziehen, müsste der lauten, dass Kinder, die nur familiär sozialisiert werden, ohne die genannten Probleme groß würden oder doch mit weit weniger. Diese Sicht blendet die verschiedenen Formen von familiärer Vernachlässigung (emotional, psychisch) und Misshandlung (physisch, sexuell) aus und übergeht die Tatsache, dass es sehr unterschiedliche Familien und Familienformen mit mehr oder weniger großem Potential gibt, Anregungen und Bildung zu bieten. Was Hüter vorschwebt, ist offenbar eine Art Bilderbuchfamilie, vielleicht eine gutbürgerliche Familie des Biedermeier, die eine Fülle von geistigen Anregungen und ein emotional vertrauensvolles Klima bietet. Die mag es geben, aber sicherlich nicht in so hohem Prozentsatz, dass sie als Institution fähig wäre, die gesamte

Sozialisation in unserer Kultur zu übernehmen, so dass staatliche Schulen und Kindergärten abgeschafft werden könnten.

Auch bezüglich des Familienbildes reibt er sich an Precht, der behaupte, Deutschland habe ein paradoxes Familienbild, denn es werde die Familie der 50er Jahre wertgeschätzt und nicht die häufigere Form der Erwerbstätigkeit beider Eltern. Diese alte Form der Familie werde immer seltener und wer nicht dazugehöre, bekäme die Konsequenz dieses »kitschig, nostalgischen Familienwahns zu spüren« (Precht bei Hüter 2020, S. 44). Hüter allerdings sieht all die alarmierenden Signale, »Defizite und Verhaltensauffälligkeiten unserer Kinder der letzten 30 Jahre« (ebd., S. 44) als Folge der Zwangs-Betreuung in Schule und Kindergarten. Das Argument, Eltern könnten nicht die Kompetenz besitzen, die frühkindliche und weitere Sozialisation adäquat zu begleiten, werde »nicht nur von Politikern und Pädagogen« benutzt, »um Kinder möglichst früh von der Aufmerksamkeit ihrer Eltern zu trennen« (ebd., S. 45). Mehr noch: Die Eltern und auch die Lehrer*innen verlören durch diese Argumentation »aus Angst vor Fehlern und Versäumnissen jegliche Unbefangenheit« (ebd.), würden sich und die Kinder »geradezu belauern und zu einem spontanen, unverkrampften Umgang mit Kindern unfähig werden«. (Ebd.) Das habe in vielen Fällen »schlimmere Folgen für die Kinder […] als alle ‚Fehler' zusammengenommen, die solche Erwachsene, wären sie ‚pädagogisch naiv' geblieben, begangen hätten.« (Ebd., S. 45)

Das vorausgesetzte Menschenbild, alle Mütter und Väter seien intuitiv bessere Erzieher*innen als ausgebildete Pädagog*innen, könnte vermutlich durch eine ebensolche Erzählung einer Vielzahl von gescheiterter familialer Sozialisation parallelisiert werden. Entscheidend ist lediglich der Blick beim Sammeln von Informationen, ein Diskurs kann so nicht eröffnet werden.

Hüter verdammt unterschiedslos institutionalisierte Bildung als »den bisher größten menschlichen Irrtum« (ebd., S. 288). Ohne die Beschulung und die Erziehung des Menschen hätte dieser »vielleicht auch die Kernspaltung entdeckt, […] jedoch mit Sicherheit nicht die Atombombe […] gebaut.« (Ebd.).

Dass der zum Gehorsam erzogene Mensch geeignet ist, totalitären Systemen zu dienen, ist schon länger Erkenntnisstand, dass aber das Dreigespann »Krippe, Kindergarten und Schule« die Verhinderung einer friedlichen und gerechten Gesellschaft sein soll, ist – so linear hergeleitet – wenig plausibel.

Kennzeichen der Abwehr von Kind und Familie sieht Hüter in einem

> »zunehmend aggressiven (politischen) ›Feminismus‹ der letzten 15 Jahre«; er richte sich vor allem »gegen die ›traditionelle‹ Familie, gegen das eigene Geschlecht (Mütter, die nicht ›erfolgreich‹ sind, nicht ehest bald nach der Geburt wieder arbeiten gehen) und nicht mehr primär gegen den Mann, sondern den Vater. Auffallend im ›politischen‹ Feminismus sind zwei Dinge: Es wird keine Gelegenheit ausgelassen, die Familie zu entwerten. Weiters sind es zumeist Frauen in ranghohen Positionen (Ministerinnen), die sich über Familie negativ äußern, selbst aber oft keine Kinder haben.« (Ebd., S. 47f)

Die alleinerziehende Mutter werde seit 30 Jahren rechtlich und finanziell gegenüber der ›normalen‹ Paar-Familie bevorzugt behandelt.

Die von Hüter aufgezählten juristischen und emotionalen Benachteiligungen von Männern in der Vaterrolle befinden sich gerade erst in der – auch juristischen – Aufarbeitung ebenso wie die tradierten Vorurteile gegenüber Frauen, die sich für die Familienrolle ohne Berufstätigkeit entscheiden. Die Anpassung der alten Rollenbilder an veränderte gesellschaftliche Bedingungen wird allerdings vermutlich auf beiden Seiten durch unversöhnliche Verabsolutierungen eher behindert. Auf der eine Seite das Misstrauen gegen familiale Förderung von Kindern (Elterngeld als »Herdprämie«, Ursula von der Leyen im Spiegel-Interview 2005, bei Hüter 2020, S. 51) und dagegen polemisch:

> »Keine Frage also – es droht mindestens der Untergang des Abendlandes, und das mitten in Deutschland, wenn Eltern tatsächlich auch weiterhin das machen, was sie sie seit Bestehen der Menschheitsgeschichte tun: Ihre Kinder selbst erziehen [...] Es muss wirklich schlimm um unser Land bestellt sein, um unsere Kinder und natürlich auch um unsere Frauen, wenn so viele Warnsignale aus allen Richtungen kommen. Da stellt sich jedoch die Frage, wie wir eigentlich zum Land der Dichter und Denker geworden sind, obwohl Goethe und Schiller nicht in den Genuss der umfassenden Krippenbildung gekommen sind und ihre Butterbrote vermutlich von ihren eigenen Müttern geschmiert bekamen.« (Ebd., S. 52)

Die oben beschworene Tradition dieses Landes hätte vermutlich nie entstehen können, wenn überall in dieser Weise Äpfel mit Birnen, also völlig unterschiedliche historische und gesellschaftliche Kontexte, verglichen und gegenseitige Verunglimpfungen aufgefahren worden wären.

Der Hinweis Hüters auf Kinderfeindlichkeit, die Forderung nach stabilen primären Bezugspersonen, die Klage über personelle Unterbesetzung in Krippen und Schulen dagegen könnte durchaus eine öffentliche Diskussion über mehr oder weniger familiäre Sozialisation eröffnen, wenn er nicht vor der Nase vieler Professionen, die sich um Kindheit, Familie und Bildung kümmern, argumentativ die Tür zuschlagen würde: »Zu unserer gegenwärtigen ›Kultur‹ der völligen Zersplitterung und Trennung des Familienverbandes führten nicht nur die Industrialisierung (Ökonomie), sondern auch Ideologien aus Pädagogik, Philosophie, Psychologie, Literatur und vor allem die flächendeckende *Beschulung*«. (Ebd., S. 69)

Im 2. Teil des Buches entwickelt Hüter eine Geschichte der Kindheit, die bei der Nachtigall anfängt und über die Ratten zu den antiken Hochkulturen gelangt: »Die große Erfolgsgeschichte *Evolution und Geschichte des Menschen* ist eine durch Familie und auch eine *in Liebe*.« (Ebd., S. 82)

Die weiteren Kapitel des 2. Teils eröffnen ein ganzes Kaleidoskop von historischen, literarischen und biologischen Begründungen, Einordnungen und Aspekten: »Vom Lehren zum Belehren, The good guy, seine Vorbilder und die Sozialisation des Kindes im ›wirklichen Leben‹, Vom Entdecken der (Text-)Kindheit, … zum Verschwinden der (echten) Kindheit. Eine kurze Geschichte zur Schule der Neuzeit, (Zerstörte) Familienbilder oder die Suche nach dem verlorenen Glück, Vom Verschwinden der artgerechten Kindheit und Familie, Plädoyer wider eine ›totale Pädagogik‹, Die Eskalation der Schule und Erziehung, Der (stumme und der laute) Schrei und die Worte Albert Schweizers, Die ›Unfruchtbarkeit‹ des Menschen, die ›Überbevölkerung‹ und das ›Future Baby‹«. Die Analyse all dieser Einzelaspekte, Einordnungen und Behauptungen wäre eine weitere Publikation.

Der 3. Teil »Von der glücklichen Kindheit, Raketen, Liebe und Visionen« schildert glückliche Menschen, die nie zur Schule gegangen sind. Die jeweils negativen Erfahrungen mit institutioneller Erziehung werden kontrastiert mit vielerlei Berichten schöner Erfahrungen mit Unschooling in Deutschland, Frankreich (André Stern) und den USA. Schön zu lesen, dass es Menschen gibt, die die Kraft, die Vorbildung, das soziale Umfeld und das Geld haben, Homeschooling zu verwirklichen. Der Kommentarton gegenüber staatlicher Erziehung wird dabei schärfer: »Er hatte auch das Glück in Frankreich aufzuwachsen, einem von vielen westlichen Ländern, das Kinder und Eltern bisher nicht in systemische Geiselhaft nahm und sie pauschal für unfähig, lernunwillig, gestört und zu Dilettanten erklärte.« (Ebd., S. 331) Dabei bewegt sich Hüter von den Nationalsozialisten (die – wie mehrfach gesagt – den Schulzwang einführten), über »Goethe und Co, der freie Bildungsgeist, das war einmal« zu »Fack ju Goethe« (ebd., S. 333) und beklagt die feindliche Grundhaltung von Behörden und Politik »gegenüber Familien […], die ein Leben in Bildungsfreiheit leben.« (Ebd., S. 333) Dabei bewegt Hüter sich zunehmend in eine allgemeine Kulturkritik, in der aber Menschen mit gelingendem Leben vorkommen können (Bill Gates, Elon Musk, Keith Jarrett), wenn sie das Glück hatten, »noch eine echte Kindheit zu haben« (ebd., S. 361).

Ein Eindruck, der sich aufdrängt: Der Text ist assoziativ geschrieben, sammelt viel zum Teil interessantes Material, fängt mit einem historischen Abriss der Geschichte der Kindheit (Hüter versteht sich als Historiker) an, in dem das Mittelalter romantisch verklärt wird, springt quer durch viele Kulturen und Zeiten, arbeitet mit literarischen Anklängen, Mutmaßungen über genetische Voraussetzungen (»Die Fähigkeit zur Empathie […] ist uns allen ebenso in die Wiege gelegt«, [S. 71]), springt von Ellen Key zu Albert Schweitzer. Anlehnungen bei der Verhaltenstheorie (als Beispiel für frühe Prägung die Nachtigall, die sich Eltern »ein wenig […] als Vorbild« (S. 77) nehmen sollten), Anlehnungen bei Hüther (»Begeisterung«, S. 87), Hinweise auf die Sophisten als Weisheitsvermittler (S. 103), auf Jesus, der »(vermutlich) als Einzelkind der Maria und des ›Zimmermanns‹ Josef« (S. 105) aufwächst, Anleihen bei Ariès zur Geschichte der Kindheit … die Leser*innen haben Schwierigkeiten, einen roten Faden zu finden. Es folgt eine umfängliche, geradezu redselige Aufzählung berühmter Personen und ihrer Biografie, entweder als Schulscheiternde oder Unschooler, meist mit besonders liebevoller Mutter (z. B. der Pianist Glen Gould, S. 163). Das Kapitel über das Geheimnis der Geburt, zu Kaiserschnitt und Hausgeburt stellt einen Zusammenhang zwischen »Geburtskomplikationen« als Risikofaktor für »Gewaltkriminalität« (S. 176) her.

Die eingefügten Familienportraits von Kleinfamilien im Lauf der Jahrhunderte (Massari, Le Nain, Lenbach, Picasso, ebd., S. 192 f[54]) zeigt auch das Picasso-Bild *Familie d'arlequin* von 1905, das Hüter am Ende seines Vortrags in der Leopoldina (Evolution durch Liebe, 01.12.2019)[55] zur Erklärung benutzt, es habe dann 400 Jahre gebraucht, bis auch der Vater als zärtlich dem Kind zugewandt gezeigt werden konnte. Die Leser*innen denken unwillkürlich an den familialen Hintergrund des Autors (Sorgerechtsstreit).

Die biografischen Beispiele gehen weiter, von Goethes Werther über Elon Musks »echter Kindheit« (S. 361) zum Studienabbrecher Keith Jarrett. Dies kann gelesen werden als unterhaltsames *Who's Who* der Schulgescheiterten und Unschooler, als fleißig gesammeltes Material über interessante Menschen. Antwort auf die Frage, wie unsere Kultur in ihrem jetzigen – nach Hüter beklagenswerten Zustand – es schaffen könnte, ihre Kinder wieder adäquat aufwachsen zu lassen, suchen die Leser*innen vergebens. Immerhin sieht Hüter Hoffnungsschimmer bei den Privatschulen, die aber für die Masse zu teuer seien und plädiert massiv und mit sehr vielen Beispielen für ein Aussetzen der allgemeinen Schulpflicht, wobei sich gleichfalls die Frage stellt, wer die Kompetenz, die Bildung und die Zeit hat, Homeschooling durchzuführen. Die unterschiedslose Verdammung des Staatsschulwesens, in dem man vielleicht auch nach guten Ansätzen suchen könnte, erschwert die Auseinandersetzung mit Hüters Anschauungen.

Im Epilog fasst er noch einmal zusammen:

> »Dass kulturelle Werte und generell lebenserhaltende und gemeinschaftsbildende kulturelle Güter ohne Familienwesen und mit Hilfe von standardisierten und industrialisierten Massen – Bildungswesen an die nächste Generation weitergegeben werden können, ist eines der größten Irrtümer unserer (späten) ›Neuzeit‹.« (Ebd., S. 377).

1.6 Michael Hüter und die anderen Populisten

Im Zusammenhang mit Freud (er hatte ein »Mutterproblem«, Hüter 2020, S. 204) und der Tatsache, dass im Erziehungsbereich viele Psychoanalytiker tätig sind, nennt Hüter auch *Winterhoff*.

Dieser behaupte, 70 % der deutschen Kinder seien »gestört« (ebd., S. 205). Die Leser*innen sind gespannt, wie eine quantitativ noch umfänglichere Skandalisierung von Hüter, der 50 % nennt, beurteilt wird. Er entgegnet »als dreifacher Vater [...| mit einem anderen Vater (insgesamt also Väter von 4 Kindern)[56]: [...] »Da ist das Abendland untergegangen und ich habe es nicht mitbekommen! Ich habe vier Kinder...« (ebd.) Ein Narrativ wird durch das nächste ersetzt, eine inhaltliche Weiterführung der Diskussion findet nicht statt.

Interessant ist hier zu sehen, wie ein populistischer Autor den anderen kategorisiert: »Die Gefahr bei diesen ›Erziehungsratgebern‹ alla Winterhoff und Co liegt im impliziten Anspruch, nur ihre Sicht der Dinge sei die einzig richtige und habe für alle Kinder zu gelten.« (Ebd., S. 207). Später beklagt er den Populismus bei Winterhoff, Bueb und Chuan:

> »Um unsere täglich geborenen, gesunden, hoch begabten und sozial veranlagten kleinen Sapiens brauchen wir uns keine Sorgen machen. Besorgniserregend ist lediglich der Populismus in den gerade genannten Büchern (daher auch die Verkaufszahlen), und dass aus der historischen ›Erziehungsmottenkiste‹ wieder das Lob der Disziplin herausgeholt wird, zwischenzeitlich auch von ›emanzipierten‹ Frauen in Industrienationen.« (Ebd., S. 209).

Dabei beklagt er auch die mediale Präsenz:

> »In den öffentlich-medialen Erziehungsdiskurs haben vorrangig in den deutschsprachigen Ländern in den letzten etwa zehn Jahren Psychologen (genauer Psychoanalytiker) wieder eine Hoheit erlangt. Die ›Tyrannen-Psychoanalytiker‹ wie Michael Winterhoff und sein österreichisches Pendant, Martina Leibovivi-Mühlberger, haben eine mediale Präsenz in Printmedien *und* TV wie kein anderer Pädagoge oder Psychologe. Sie sitzen nicht nur in Talkshows, sondern ihre Bücher werden von nahezu allen nennenswerten Zeitungen rezensiert oder darüber berichtet und sie sind, wenig verwunderlich, kurze Zeit später Bestseller.« (Ebd., S. 211).

Das deckt sich mit unseren Beobachtungen, auch was Hüter selbst anbelangt.

Insgesamt ist die Skandalisierung des schulischen Bereiches durch viele Populisten nicht wegen ihrer kritischen Haltung schädlich, die ja viele Erziehungswissenschaftler*innen teilen, sondern wegen der *Ausschließlichkeit* der Argumentation. Zudem gibt es eine ganze Tradition von kritischer Einschätzung der eigenen Handlungsfelder in der Pädagogik, an die angedockt werden kann. Die ständige Spiegelung der Praxis durch die Theorie als Korrektiv ist fundamental für pädagogisches Handeln, wirkt nach außen aber gelegentlich wie eine Art zerstörerische Selbstbespiegelung oder generelle Uneinigkeit. Ohne ständigen Abgleich des Handelns mit Fragen der Wirksamkeit ist kein fundamentiertes Pädagogen-Handeln möglich. Das heißt, dass der Selbstzweifel als Beobachterstandpunkt für reflektiertes Handeln, besonders im institutionalisierten Bereich, grundlegend für professionelle pädagogische Arbeit ist. Wenn die Populisten nun dieses Handeln zu eindeutig zu beantwortenden Glaubensfragen erklären, entziehen sie den dort Tätigen die Grundlage zur ständigen wachsamen Reflexion und damit ihre Professionalität.

Michael Hüter geht in seinem Bemühen um öffentliche Aufmerksamkeit und die Absicherung eines *Glaubenszirkels* noch etwas weiter als Gerald Hüther, der eher in den öffentlich-rechtlichen Medien auftritt. Hüter ist unter anderem bei »KenFM«[57] »RT«[58] und »Rubikon«[59] zu finden, ideologisch geprägte Medienkanäle, die offen für Verschwörungserzählungen sind. Hüter, aber eben auch Winterhoff werden dort in Kommentaren für ihr *Aufrütteln der Gesellschaft* gelobt.

Was es für die öffentliche Diskussion über pädagogische Fragen bedeutet, wenn solche Narrative, die komplexe Zusammenhänge, angereichert mit der Emotion des Außenseitertums (›Hier ist einer, der sich traut, die Wahrheit gegen alle Widerstände zu verbreiten‹), auf einfache Ursachen reduzieren, ist nur schwer einzuschätzen. Viele Menschen kommen psychoemotional mit den Herausforderungen unserer Zeit nicht mehr zurecht und sind dann anfällig für Fake. Besonders empfänglich für solche Effekte sind Menschen, die erheblich belastet, unfähig oder unwillig sind, die Komplexität ihrer Situation zu akzeptieren. Dazu gehören zum Beispiel Eltern, die unter der schulischen Situation ihrer Kinder leiden, vielleicht Schulversagen nicht als das Versagen ihres Kindes akzeptieren können, oder Lehrer*innen, die unzufrieden mit ihrem Beruf sind. Das kann systemische Ursachen und/oder aber auch mögliches Scheitern aus persönlichen Gründen als Beweggrund haben. Vorsicht ist allerdings bei der Vorstellung geboten, jede*r, der/die Schule kritisiere, habe persönliche Frustration zu verarbeiten. Das wäre zu einfach, wenngleich das Anknüpfen an solche Emotionen im Bereich Schule recht verbreitet ist.

Verschwörungserzählungen finden sich aber dort, wo sich Menschen mit dem Gestus, sie allein könnten die Welt erklären, zusammenfinden und abschotten. Dieser Effekt ist durch mediale Strukturen (Filterblase) vereinfacht und verstärkt worden. In Bezug auf einen öffentlichen Diskurs schafft es die durchaus unerwünschte Situation, dass über bestimmte Tatbestände, zum Teil sogar Begriffe, nicht mehr abwägend und offen diskutiert werden kann. Das ist dann die Lehrperson, die über offenen Unterricht informieren will, der aber Eltern nicht einmal mehr zuhören, weil die gebrauchten Begriffe für sie bereits negativ konnotiert sind.

Wie bei den anderen Populisten wird bei Hüter wieder das Kind mit dem Bade ausgeschüttet, sodass eine Diskussion einiger bedenkenswerter Ansätze völlig unterbleibt. Fragen wie: »Ab wann ist es sinnvoll, Kinder von seinen primären Bezugspersonen zeitweilig zu trennen und anderweitig zu erziehen? Wie könnte Kindergarten/Schule so konstruiert werden, dass sie familiale Sozialisation sinnvoll ergänzt? Wieviel Verweildauer in Erziehungsinstitutionen kann entwicklungspsychologisch sinnvoll sein?« – können unter dem ausschließenden Blickwinkel der Hüterschen Thesen nicht diskutiert werden.

Man kann den Text als Streitschrift, als Anklage lesen; Schwarz-Weiß-Malerei (in diesem Falle völlig schwarz) gibt ja gelegentlich geistige Anregungen, die Wirklichkeit mit anderen Augen zu sehen. Eine derart negative Weltsicht – zum Teil recht polemisch vorgetragen – brüskiert allerdings sehr viele, die im pädagogischen Bereich arbeiten und eröffnet allein schon dadurch keine Diskussion, sondern bildet eher Anlass für eine konfrontative und unversöhnliche Auseinandersetzung.

Die Außenposition Hüters wird gleich in der Einleitung seines Textes deutlich: Er greift Precht an, weil dieser zwar die Schule kritisiert, aber an einer reformierten Form von institutionalisierter Bildung festhält. Zwei Behauptungen stehen unversöhnlich gegenüber: Die Erziehung zum Staatsbürger (Precht) brauche formelle Erziehung. Dagegen: Home-/Unschooler besäßen »als Erwachsene ein höheres Demokratiebewusstsein« und verfügten »über breitere soziale Kompetenzen [...] als der Durchschnitt der Absolventen von staatlichen Regelschulen« (Hüter 2020, S. 44). Dabei wirft Hüter Precht die Missachtung einer Vielzahl internationaler Studien vor, die er aber leider selbst auch nicht zur Kenntnis bringt. Wie wenig eine so geführte Diskussion an Erkenntnisgewinn für pädagogisch interessierte Leser*innen bringt, zeigt dieses Beispiel in aller Deutlichkeit. Sie müssen dem einen glauben (Kindergartenpflicht zur Ergänzung familialer Erziehung) oder dem anderen (nur die Familie kann's richten) und haben keine Datenlage zur Beurteilung. Dabei muss wieder Humboldt für *beide Positionen* herhalten und alle die hehren Geister der deutschen Bildungsgeschichte, die nicht zur Schule gegangen sind.

Bei Hüter ausgelassen wird die Tatsache, dass wir es mit einem völlig anderen historischen Kontext zu tun haben und dass es Familien gibt, die eben nicht eine anregungsreiche liebevolle und förderliche Umgebung zu bieten haben.

Dabei arbeitet er am radikalsten von unseren Beispiel-Populisten mit dem oben bereits geschilderten Mittel der absoluten Argumentation, die eben nur eine begeisterte Gefolgschaft oder komplette Ablehnung nach sich ziehen kann. Entweder seine Leser*innen und Zuschauer*innen akzeptieren das *gesamte* Set an Argumenten und Vorstellungen oder verwerfen seinen Ansatz komplett. Im Fall von Hüter gibt es Anzeichen für die Entwicklung eines Verschwörungsmythos. Er bewegt sich in einem hermetisch geschlossenen Kreis von Bestätigern seiner Thesen, die immer wiederkehren in seinen öffentlichen Auftritten. Jesper Juul, der von »drei Zwangs-Pflichtjahre[n] als Kleinkind in »staatlichen Reservaten« spricht, Gerald Hüther und Hans-Joachim Maaz, der das Buch schlicht als »Meisterwerk« bezeichnet, sind die prominentesten. Ein relativ kleiner, aber stabiler Kreis von Befürwortern (Juul ist 2019 verstorben[60]) tritt in allen Medienauftritten Hüters als emotionales Hintergrundorchester auf.

Die Verfahren der Populisten sind ähnlich, aber graduell unterschiedlich. Die Aussagen Prechts sind noch am ehesten geeignet, den öffentlichen Diskurs über Schule zu beleben, die der anderen drei Beispiel-Autoren zeigen, wie sich das Set an zirkulären Aussagen immer weiter einer Diskussion verschließt und dann nur so etwas wie Gefolgschaft oder Ablehnung erzeugen kann. Zuspitzung und Skandalisierung als Versuch, öffentliche Aufmerksamkeit (und Umsatzzahlen) zu erzeugen, stehen hier der Möglichkeit im Wege, mit kritischen Beiträgen die gewiss nötige Diskussion um die institutionalisierte Erziehung in unserer Kultur weiterzutragen – zum Wohle der Kinder... würden doch sicherlich alle vier Autoren sagen.

2 Sehnsucht nach Samaritern

2.1 Blickwinkel

Wir haben diese vier Beispiel-Autoren anhand ausgewählter Printmedien zunächst unter dem Blickwinkel möglicher Leser*innen und Wirkungen dargestellt. Unter dem Gesichtspunkt der Vermarktung der Bücher fällt schon die übrige mediale Tätigkeit, wie Auftritte in Talkshows, bei Vorträgen und bei YouTube ins Auge. Dieser Aspekt der Betriebsamkeit der Populisten ist verbunden mit verschiedenen Marketingstrategien und alle treten als rhetorisch kompetente Werbeträger ihrer eigenen Produkte in Erscheinung. Darüber hinaus gibt es eine rege mediale Aktivität und vielerlei öffentliche Reaktionen, die hier unter dem Aspekt der Auswirkung auf pädagogische Handlungsumgebungen betrachtet werden sollen.

Die Vier stehen exemplarisch für populistische Stoßrichtungen, die eine öffentliche Rolle in der Diskussion pädagogischer Themen spielen. Alle radikal in der Kritik pädagogischer Institutionen und Praktiken, unterscheiden sie sich jedoch inhaltlich und im Grad ihrer Neigung, Verschwörungszirkel zu bilden. Precht mit radikaler Schulkritik und Winterhoff mit scharfer Kritik an einer pädagogischen Zielrichtung bleiben noch relativ geschlossen in ihrer eigenen Vermarktungs-Cloud. Hüther und Hüter hingegen unterstützen sich gegenseitig, indem sie eine gemeinsame Basis bilden, die etwa mit *wir gegen die etablierte Pädagogik* bezeichnet werden kann. Hüter stellt dabei so etwas wie den Außenposten einer Position zur gängigen Praxis dar, indem er institutionalisierte Bildung grundsätzlich ablehnt. Von dieser Außenposition greift er Precht an, weil dieser überhaupt grundsätzlich institutionalisierte Bildung für sinnvoll, wenn auch stark reformbedürftig hält. Mit Winterhoff zusammen verwirft er eine ganze Gruppe von »sogenannten Erziehungsratgebern« (Hüter 2020, S. 207) und bildet damit einen *In-Club von Besitzern pädagogischer Wahrheiten*. Die Außenwirkung ist somit eine andere, nämlich nach einer gewissen Anlaufzeit hermetisch, allerdings mit Zulassung von Fan-Clubs. Die Parallele zu anderen populären Erscheinungen in unserer Kultur drängt sich hier auf.

Ein wenig außen vorgelassen haben wir die Fülle von *Klageschriften* von in pädagogischen Institutionen Tätigen, vorzugsweise Lehrerinnen.[61] Das Öffentlich-Machen des Leidens am Beruf Lehrerin hat eine eigene Tradition, die gesondert zu betrachten wäre. Dort, wo dieser Personenkreis sich sachlich zu den Missständen zum Beispiel in der Kultusbürokratie äußert, sehen wir keine besondere Veranlassung, diese populistischen Tendenzen zuzuordnen. Dort, wo die Skandalisierungstrommel ähnlich wie bei den Beispiel-Autoren geschlagen wird, ließe sich die Tendenz jeweils dort einordnen.

2.2 Vorgehensweise der pädagogischen Populisten

Ebenso wie sich die Vermarktungsbemühungen der Populisten auf die Rezeption ihrer Texte auswirken, entsteht ihre Gesamtwirkung als Produkt von vielfältigen Echos im Netz. Durch die Reaktion von Fans und (eher selten) Kritikern in den Medien entstehen Dialoge, ganze Äußerungsketten, bilden sich Meinungsclouds, aber offenbar auch Gruppierungen, die diese Bereiche im Netz meiden. Dazu gehören wohl wissenschaftlich orientierte Menschen, die sich dieser Diskussion eher entziehen. Das ist direkt auf den ersten Blick auffällig.

Wir versuchen anhand einiger Beispiele und Gedankenstränge darzustellen, welche Kommentare zu Videos von Populisten im Netz kursieren und wie die Prinzipien der Selbstverstärkung wirken. Dazu können wir weder repräsentativ noch wirklich aktuell arbeiten, weil die Flüchtigkeit des Sujets schon allein deswegen gegen uns wirkt, weil wir das Printmedium für unseren gedanklichen Anstoß gewählt haben.

Gleichwohl wollen wir versuchen die Prinzipien herauszuarbeiten, die zukünftigen Nutzern das *gedankliche Handwerkszeug* für das Wiedererkennen von populistischen Strukturen bereitstellt. Sollte dabei auch noch deutlich werden, dass es sinnvoll sein könnte, sich auf eine bestimmte Art und Weise einzumischen, wäre ein grundlegendes Ziel unserer Publikation erreicht.

Als Stichprobe haben wir neun YouTube-Videos von Precht, Winterhoff, Hüther, Hüter und Lesch und knapp 2000 von 14000 Kommentaren betrachtet.[62] Besonders interessant erscheinen uns unter dem Aspekt der Außenwirkung die Kommentare zu den Videos, denn deren Inhalt unterscheidet sich nicht wesentlich von den Darstellungen in den Printmedien der Beispielautoren. Anders gesagt: Im Wesentlichen nichts Neues.

Um den durch unser zu untersuchendes Sujet entstehenden negativen Eindruck zu YouTube und Co zurechtzurücken, finden sich einige relativierende Anmerkungen zu diesem neuen Leitmedium am Schluss des Kapitels.

Die Videoplattform YouTube ist zunächst nichts anderes als eine von vielen kulturellen Möglichkeiten, Wissen, Meinungen, Kulturbeiträge und Bildungsbeiträge zur Verfügung zu stellen. Es steht also nicht das Medium unter Generalverdacht, sondern bei bestimmten Anzeichen seine Nutzung. Medienkritik als Kritik an gesellschaftlicher Veränderung ist hier nicht unser Thema, sondern wir wollen einen Blick werfen auf die oft schnelle und Zugriffs-affine Nutzung von Videos und deren mögliche Folgen für die pädagogische Kultur.

Dabei ist unser Datenmaterial schon dadurch verfälscht, dass wir ja nicht die Häufung der oft oberflächlichen Schnell-Nutzung betrachten, sondern den ausgewerteten Kommentaren ja immerhin der Handlungsimpuls *Schreiben* zugrunde liegt. Vielen dieser Äußerungen können emotionale Motive als Schreibanlass zugeordnet werden, wie die zusammenfassende Darstellung zeigen wird. Allerdings: Alle diejenigen, die das Video erst gar nicht zu Ende gesehen, die sich entnervt abgewendet, die die Argumentation mit einem Lachen abgetan haben, können nicht erfasst werden. Dieser Gedanke sollte parallel zu unserer Auswertung mitgeführt werden.

2.3 Vorstellung einiger Kommentare

Im Wesentlichen lassen sich die Kommentare unter den Aspekten *Leiden am Bildungssystem* (1.) und *Misstrauen gegenüber Staat und Bildungspolitik* (2.) zusammenfassen. Alle Kommentare werden in ihrer Schreibweise belassen. Dabei gibt es verschiedene Schattierungen der Auffächerung:

1. Leiden am Bildungssystem:

1.1 Autobiografische Kommentare:
Zu dieser Kategorie gehören die Anmerkungen von Menschen, die ihre eigene Schulzeit erinnern und in Anmerkungen wie »In meiner Zeit hat man noch richtig gelernt…« zahlreich die Videos kommentieren. Dabei wird vorwiegend berichtet, dass die eigene Schulzeit anstrengend, anspruchsvoll und voller Büffelei war. Im Kontrast dazu wird das heutige Bildungssystem als *zu leicht* oder *ohnehin hinfällig* beschrieben, weshalb eine Erneuerung nötig sei.

»Bei uns wars Abi noch richtig hart!«
»Das heutige Abitur hat nachweislich nicht mehr den Wert eines Abiturs von vor 20 oder 30 Jahren!!!« […]

1.2 Biografische Kommentare:
Schüler*innen, Eltern, (ehemalige) Lehrer*innen und Arbeitgeber*innen sprechen über ihre negativen Erfahrungen in und mit dem deutschen Schulsystem. Sie stellen diese Wahrnehmungen meist in der Retrospektive dar und erhalten die Erklärung für ihre Erfahrungen in dem jeweiligen Video. Viele Kommentare gehen von diesen individuellen Anknüpfungspunkten zu weiteren negativen Beurteilungen verschiedener Aspekte des Schulsystems über.

»Als G8 Schüler stimme ich in allem was er gesagt hat vollkommen zu.«
»Selber so beobachtet, eine Tragödie, bereits in der Grundschule.«
»Es geht nur ums Durchkommen, nicht ums Lernen.«

»Das Unbildungssystem ist so scheiße, daß die Kinder per Gesetz gezwungen werden damit sie überhaupt dort erscheinen. Der Schulzwang gehört abgeschafft.«
»Sehr guter Beitrag! Ich bin Sek I – Lehrerin und mache seit Jahren die gleichen Beobachtungen, gehöre noch zu den ›alten‹ Lehrerinnen, die traditionell beziehungsgsorientiert unterrichtet. Aber seit Jahren wird es schwieriger die Kinder überhaupt noch zu erreichen.«
»Ich zitiere ebenfalls mal meine ehemalige Mathelehrerin: Du brauchst es nicht verstehen, du musst es einfach nur abschreiben…«

1.3 Verärgerung:
Einige Kommentator*innen fühlen sich insgesamt vom deutschen Bildungssystem ausgeschlossen und ungerecht behandelt. Sie teilen diesen Ärger mit vielen anderen Nutzer*innen und stellen Forderungen nach mehr Alltagsnähe des schulischen Lehrplans. Beklagt wird auch die Selektion im dreigliedrigen System.

»Nach diesem Interview wird mir klar, dass die Schule so manche Existenzen von vornherein zunichte gemacht hat. Das macht mich wütend.«
»Ich könnte grad weinen, dass spricht mir so sehr aus meiner Mutterseele.«
»Danke, dass ich Abitur hab und nichts vom Leben weiß!«

*1.4 Lehrer*innenversagen:*
Eine breite Palette von kritischen Anmerkungen bezieht sich auf das Verhalten von Lehrer*innen. Sie kümmerten sich zu wenig um die Lernenden, stellten die Noten zu stark in den Vordergrund und geringschätzten die Fähigkeiten der Schüler*innen. Nicht selten wird die fachliche und pädagogische Qualifikation einzelner oder vieler Lehrer*innen angezweifelt. Einige ziehen in Zweifel, dass die Schule überhaupt eigenständiges Denken vermittelt.

»Traurig das YouTube mehr Wissen vermittelt als der eigene Lehrer«
»Mehr Talente fördern, weniger benoten«
»Es wird kein selbstständiges Denken mehr gefördert«
»Den Lehrern ist egal, was die Schüler lernen«
»Lehrer sind selbst nicht intelligent genug, um zu lehren«

2. Misstrauen gegenüber Staat und Bildungspolitik

2.1 Wirtschaftlichkeit von Bildung:
Die beklagte Beschleunigung im schulischen Alltag wird als Mittel der Politik wahrgenommen, Prinzipien der Wirtschaftlichkeit dort zu implementieren. Leistungsdruck und Effektivitätsdenken hätten so vermehrt Eingang ins Bildungssystem gefunden.

»Ich hör in der Schule so oft: Wir müssen uns beeilen, nächste Woche schreiben wir die Arbeit«.
»Der Leistungsdruck in der Schule lähmt die Interessensausbildung der Schüler*innen.«
»Die Schule ist das Produkt des politischen Ehrgeizes: Immer mehr in immer weniger Zeit schaffen zu müssen.«
»Der Leistungsdruck ruiniert unsere Gesellschaft und macht uns zu Lohnsklaven.«

Einige Anmerkungen zielen aber auch darauf ab, das Schulsystem sei nicht (mehr) disziplinierend genug und die Lehrer*innen keine echten Autoritätspersonen.

2.2 Misstrauen/Hass:
Der Verlust von Vertrauen in das Bildungswesen drückt sich hier in der Vorstellung aus, die generelle geplante Manipulation seiner Bürger*innen sei ein staatliches Ziel.

»Das Volk muß wieder dümmer werden, damit die Eliten leichtes Spiel haben.«
»unser schulsystem ist perfekt, perfekt dafür um aus einem kreativen fröhlichen kind einen abgestumpften Arbeiter zu machen der schön treudoof alles macht und nichts hinterfragt«
»Wollen denn die Kultusminister denn wirklich, dass sich die Kinder positiv entwickeln? Als ehemaliger Lehrer habe ich da begründete Zweifel.«
»Recht hat er! Die Agenda von der Mülltonne BRD ist doch, den Kindern den Rest zu geben. Aus kaputten Kindern werden kaputte Erwachsene.«
»Herzlichen Dank für dieses Video ! Die Elite weiß wie es geht ! Kinder werden zerstört um die Menschen besser zu manipulieren !!! Passt auf die Kinder auf bitte !!!«
»Das Schul- und Unisystem ist so gewollt. Der Staat braucht Steuerzahler und keine Denker.«

2.3 Endlich sagt es mal jemand:
Viele User haben die Wahrnehmung, Kritik am Bildungssystem oder am gesamtgesellschaftlichen Kontext werde systematisch unterdrückt, sei »gefährlich« und erfordere besonderen Mut.

»In Erinnerung bleibender Vortrag von einem Mann, der ohne Scheu und Gnade ausspricht, was längst überfällig ist!«
»Dieser Mann spricht aus was alle denken!«
»Dr. Winterhoff ist definitiv Nicht populistisch. Er sagt die ungeschminkte Wahrheit !!!!«
»Dr. Winterhoff hat in ein Wespennest gestochen und den Mut das öffentlich zu machen. Meine Hochachtung!«
»Ich kann mich nur wundern, dass Dr. Winterhoff so frei reden darf. Kam wohl die

Zensur nicht hinterher.... Aber er spricht sehr offen das Grundproblem an. Haltet das Volk blöd, dann funktioniert auch die Infiltration.«
»großartig! Auf dass Michael Hüters Botschaft endlich an entscheidender Stelle ankommen möge«

2.4 Umdenken:
Der Zustand unserer Gesellschaft und ihrer Bildungssysteme wird für so grundlegend marode erklärt, dass nur ein grundsätzliches Umdenken helfen kann.
»Das Schulsystem ist in der Tat längst überholt«
»Wenn sich nicht bald grundlegend etwas ändert, geht diese Gesellschaft vollkommen vor die Hunde.«
»Kehrtwende ist nötig!«
«Schule benötigt eine Renovierung im sozialen und pädagogischen Bereich«
»Beschreibt genau das Erlebnis mit meiner Tochter. G*ttseidank habe ich einen Platz in einer privaten Schule bekommen, wo sie noch ANSTÄNDIG lehren«

2.4 Auswertung

2.4.1 Auswertung des Musters 1: Leiden am Bildungssystem

Die autobiografische Perspektive bietet vielen User*innen eine Art ›gedankliches Sprungbrett ‹für Äußerungen zum Video. Dabei wird häufig idealisiert, (»Früher war alles besser, da wurde man noch als Schüler behandelt«) und einiges im milden Licht der Erinnerung betrachtet. Auffällig ist hier der Wunsch nach festen Strukturen, klaren Rollen, aber auch nach Nachdenklichkeit bezüglich des erlernten Wissens. Die Übergabe von Lern – Verantwortung an Schüler*innen wird eher kritisch gesehen. Das geschieht nicht auf der Grundlage von qualitativen Urteilen über Unterrichtspraxis, sondern ist fundamentiert durch die alte Sehnsucht nach dem Gewohnten. Der Anknüpfungspunkt ist also ein emotionaler.

Nicht nur diese eher nostalgisch angehauchte autobiografische Sicht ist häufig, sondern auch die Perspektive auf Personen der familialen oder beruflichen Umgebung. Die beobachteten Missstände werden zum Teil recht ausführlich und drastisch beschrieben, so dass der Eindruck entsteht, sie seien ein Mittel der Affektabfuhr. Besonders das Verhalten von Lehrer*innen wird hier zum Gegenstand kritischer Beschreibungen. Dabei wird pauschalisiert, aber auch konkret auf Missverhalten hingewiesen. Alte Demütigungen durch Arroganz in der hierarchischen Lehr-Lernsituation werden dargestellt, was den Versuch erkennen lässt, durch öffentliche Schilderung die Kränkung zu kompensieren. Die in den Schulerzählungen Geschädigter in großer Fülle auftauchenden Berichte zum Agieren von Mathematiklehrer*innen weisen aber darauf hin, dass das wohl nicht gelingt, sondern eher eine Art Wiederholungszwang hervorruft.

Die Kritik an der Beschleunigung im Bildungswesen kommt ebenfalls emotional gefärbt daher, manche Beiträge wirken aber auch abgewogen und eher rational.

Die gefühlsmäßige Steigerung zur bloßen *Verärgerungsäußerung* zeigt die Wirkung der Videos, die beim Zuschauer deutlich diese Seite der Wahrnehmung ansprechen, sie also zusätzlich emotionalisieren.

Hier wird ein Mittel zum Inhalt. Die besondere Ansprache von Gefühlen, die von den Populisten aus Gründen der Vermarktung gewählt wird, schlägt auf die Rezeption durch und hat zur Folge, dass keine rationale Auseinandersetzung mit der Argumentation stattfindet. Dort, wo diese Anknüpfungspunkte stark biografisch fundamentiert sind, führen sie bestenfalls dazu, dass der Angesprochene seine Wut, Hilflosigkeit, vielleicht auch Angst zirkulär kommuniziert. Die Fundamentierung in seiner (offenbar bei vielen) teilweise misslungenen schulischen Sozialisation kann von ihm nicht erkannt und schon gar nicht analysiert werden. Das gefährliche Potential zur Radikalisierung ist angelegt und wird durch die Populisten unterstützt. *Zündeln* nennt man das.

Hier wäre ein umfängliches Tätigkeitsfeld für aufklärerisch arbeitende Pädagog*innen!

2.4.2 Auswertung des Musters 2: Misstrauen gegenüber Staat und Bildungspolitik

Der Bereich dieser Kommentare hat deutlich mehr Potential zum *Zündeln*, einiges geht in Richtung Verschwörungsmythen.

Das Phänomen tritt verstärkt bei den Videos von Hüter und Winterhoff auf, bei Precht, Lesch und Hüther überwiegen eher Kommentare der Kategorie 1. Es gibt also einen deutlichen Zusammenhang zwischen Schärfe und Richtung der Kritik und der Anschlussfähigkeit von Kommentaren. Das ist logisch nicht verwunderlich, sollte aber unter dem Aspekt der Verantwortung des Urhebers für die Bewegung im Netz gesehen werden.

Hier häufen sich nun Äußerungen, die den Staat in eine Allmachtposition phantasieren, aus der heraus der »kleine Bürger« dumm gehalten werden soll. Diese durch die populistische Argumentation angeregte Sichtweise ist durchaus verbreitet und wird auch weiterhin bedient.

Die Verkürzung der Schulzeit hat hier offenbar eine Lücke aufgetan, die schnell gedanklich gefüllt wurde mit dem Misstrauen, die Menschen sollten möglichst schnell für den Arbeitsmarkt ausgebildet werden, was ja auch durchaus mit argumentiert wurde. Hier treten gehäuft Verschwörungserzählungen auf, die den Staat als Manipulator zu eigenen wirtschaftlichen Zwecken darstellen und eine Art *Mind-Controlling* der Bürger vermuten.

Häufig wird in diesem Zusammenhang die Befürchtung geäußert, es könne zu einer weitgehenden Ökonomisierung aller Lebensbereiche kommen und die

Steuerung der Bildungssysteme diene hauptsächlich denjenigen, die ohnehin finanziell und bildungsbezogen abgesichert sind. Die Klagen über die Ungerechtigkeit und zunehmende Strukturierung in Analogie zu Wirtschaftsbetrieben unseres Bildungswesens sind nicht neu, werden auch zunehmend von der Erziehungswissenschaft in den Blick genommen, haben aber im Bildungsbetrieb zunächst kaum Auswirkung gezeigt.

Die Verschärfung der Kritik, die ursprüngliche Mündigkeitserziehung werde zunehmend zurückgedrängt zugunsten von funktionaler Erziehung, die Zweckrationalität und Marktwirtschaftlichkeit einseitig befördere, ist fundamental und sollte mehr Beachtung finden, denn das Funktionieren einer partizipativen Gesellschaft ist auf Dauer nicht zu garantieren, wenn Menschen sich anhaltend ausgeschlossen oder benachteiligt fühlen und sich u. U. ›Gurus‹ mit einfachen Welterklärungen zuwenden.

Viele Menschen in unserer Kultur sehen sich offenbar durch »ihren Staat« nicht repräsentiert. Das ist erstens bedenklich und erklärt zweitens ihr starkes Anspringen auf die Darstellung der Populisten. Sie sehen hier »*endlich*« die aus ihrer Sicht zentralen gesellschaftlichen Problemen dargestellt. Wenn also diese Autoren bei einigen einen *Nerv der Zeit* treffen, wäre es wichtig zu verstehen, durch welche gesellschaftlichen Mechanismen sich diese Menschen derartig *abgehängt* fühlen.

Viele Kommentatoren sehen Bildung als den Ort der Veränderung von Kultur und damit der Gesamtgesellschaft. Die Unterschiede zwischen Bildungsidealen (›Sonntagsreden‹ der Politiker) und der derzeitigen Bildungsrealität wird wahrgenommen, aber oft so kommuniziert, dass man dazu nichts sagen dürfe (Maulkorb). Da es ein allgemeines Äußerungsverbot in unsere Kultur dankenswerter Weise nicht gibt, fragt man sich als Leser*in der Kommentare, woher diese Ängstlichkeit, sich zu erklären, kommt. Da können zum einen biografisch fundamentierte Gefühle eine Rolle spielen (Kränkung in der Bildungsbiografie), zum anderen werden diese Gefühle von einigen Populisten befeuert. Lehrende dürften sich nicht äußern und müssten machen, was »der Staat« befehle: »Ich kenne auch Fälle, in denen Lehrer, die sich keinen Maulkorb verpassen lassen wollten, mit großer Brutalität gemaßregelt wurden. Die einen mussten so lange Berichte über ihre Unterrichtsstunden schreiben, bis sie genervt aufgaben. Andere wurden gegen ihren Willen versetzt.« (Winterhoff [2019], S. 125)

Insgesamt: Auffällig ist die rhetorische Stärke der genannten Populisten, die ihr Publikum damit emotional vereinnahmen, was sich in sehr vielen Kommentaren spiegelt. Besonders Hüter und Winterhoff nutzen Verallgemeinerungen, um die komplexe Wirklichkeit auf einstimmige Anschauungen zu reduzieren. Wo sie sich auf Fakten berufen, sind diese vereinfacht oder verkürzt dargestellt.

Allen vorgestellten Autoren gelingt es, eine Saite in ihren Zuschauern zum Klingen zu bringen, die je nach biografischem Hintergrund des angesprochenen Individuums in (scheinbare) Erkenntnisse der Probleme unseres Bildungssystems münden oder die eigene Bildungsbiografie auf eine Weise zum Klingen bringt, die nahelegt, dass die Verantwortung für Scheitern nie beim Individuum, sondern beim System liegt. Die Bedienung dieser Bestätigungswünsche von latent vorhandenen Einschätzungen erzeugt beim Zuschauer Formen von Zufriedenheit, wie immer, wenn das eigene Unbehagen einen Ausdruck findet, den andere teilen. Dieser *Community-Effekt* hat zunächst nichts Verdächtiges, bekommt aber bei stets gleichgesinnter Rückmeldung (Filterblase) eine Tendenz zur Verschwörungsgemeinschaft und bei Hermetisierung (deutlich bei Hüter) auch zur – zunächst verbalen – Radikalisierung. »Ganz großes Kino«, um mit einem Nutzer zu sprechen, bietet durch das Verlassen der rationalen Ebene damit auch ganz großes Wagnis.

YouTube als Plattform empfiehlt jeweils im Zusammenhang des Videos, das man gerade sieht, weitere. Der diesen Empfehlungen zugrunde liegende Algorithmus ist schon länger Ziel von Kritik, denn er steht im Verdacht, sozusagen den jeweils sensationelleren Level eines eingegebenen Schlagwortes zu empfehlen. Dank Autoplay gerät ein Nutzer mit dem Schlagwort *Schulkritik* beim Suchen relativ schnell in bizarre Nebenaspekte seines Gebietes und eben auch zu Verschwörungsmythen.

Das Herbeireden von Katastrophenszenarien ist also in »Zusammenarbeit« mit einem, wie Guillaume Chaslot[63] es formuliert, »KI-Desaster« unter bestimmten Umständen (Hermetisierung) einigermaßen toxisch[64].

2.5 »Klicks sind nicht böse«[65]

Abgesehen von der Gefahr, dass Nutzer*innen einseitig mit einer Bestätigung ihrer Voreinstellung und damit Verfestigung ihrer Anschauungen durch das Netz bedient werden (besser vielleicht: sich selbst bedienen) ist das Medium erst einmal nicht *böse*, bestenfalls der von Menschen erschaffene Algorithmus, der – die Steigerung von Klickzahlen beabsichtigend – nach dem Prinzip der von Matthias Zehnder beschriebenen *Aufmerksamkeitsfalle* (Zehnder 2017) kreiert wurde. Dabei spielen kommerzielle Aspekte eine Rolle, aber auch unsere in den letzten Jahrzehnten erworbenen Mediengewohnheiten. In Konkurrenz zum Internet als schnellem, flüchtigen und bequemem Informationsmedium stehen die Printmedien in scharfem täglichem Kampf um Aufmerksamkeit. Skandale und Sensationen sind sozusagen unsere gedruckte Alltagsuntermalung geworden und auf der anderen Seite das große Klickzahlen-Heischen. Der Erfolg von YouTube hat dazu geführt, dass es (gemeinsam mit Facebook und Instagram) zu den drei größten Plattformen gehört. Der Kampf um Aufmerksamkeit ist eher extremer geworden; wir konnten sehen, wie unsere Populisten *auf allen Kanälen* um ihre Bekanntheit kämpfen, weil das Buch allein als Aufmerksamkeitsträger nicht mehr reicht.

Aber YouTube und Co. haben auch eine andere Seite. Als etabliertes Medium kann die Plattform sich erlauben, genau wie öffentlich-rechtliche Sender (Privatsender sind durch den Gesetzgeber ebenfalls gehalten, eine definierte Anzahl von Bildungssendungen zu produzieren) eine gewisse Menge an Bildungsinhalten zu transportieren. Fernseh-Formate wie *Terra X*; *Lesch*[66] *& Co.* oder der Wissenschaftskanal *maiLab* bei YouTube[67] bieten seriöse Inhalte und Wissen, das interessant und alltagsnah dargeboten wird. Viele Jugendliche benutzen die Plattform als Lernhilfe für verschiedenste Bereiche und damit als Ergänzung zu Lern- und Bildungszwecken. Die Studie *Jugend/YouTube/Kulturelle Bildung* (2019) spricht schon von einer »unerwartet hohen Bedeutung für den Bildungsbereich«.[68] Lehrer*innen setzen bestimmte Formate als Unterrichtsmaterial ein und empfehlen einzelne Videos zum Wiederholen und Üben.[69] Das Medium bzw. der Informationskanal YouTube wird durch seine Nutzung seitens verschiedener Bildungseinrichtungen als legitime Informationsquelle ›geadelt‹ und hat zudem an deren Möglichkeiten Anteil. Das bewegte Bild kann sehr nützlich für verschlankte Erklärungen und didaktische Reduktionen sein und bietet gleichzeitig die Möglichkeit, in relativ kurzer Zeit (schneller als das Printmedium, was unterrichtlich allerdings nicht immer erwünscht ist), zusätzliches Material zu offerieren, also die didaktische Reduktion quasi wieder aufzulösen. Schüler*innen müssen nur mit ausreichend fundierten Medienkenntnissen ausgestattet werden, damit sie nicht zu unwissenschaftlichen, polarisierenden Inhalten auf durch künstliche Intelligenz ausgetretene Seitenpfade geraten.

Diese Medienkenntnis allerdings sollte, wenn YouTube und Co vermehrt eine Rolle als Unterrichtsmaterial spielen sollten, als Schulung der Mediensprachen und der daraus resultierenden Eigenlogik der Bildsprache unbedingt Eingang in Unterrichtspraxis finden.

Besonders beliebt ist YouTube bei Nutzern im Alter von18 bis 34 (Befragung von 2018: 89 % laut Statistica) und sinkt mit zunehmendem Lebensalter kontinuierlich auf Werte um immerhin noch 50 %. Die Nutzerzahlen sind erforscht, bisher gibt es aber kaum valide Aussagen zum Nutzerinteresse, also den aufgerufenen Inhalten.

3 Pädagogik, Populismus, ihre Interpreten und Kritiker

3.1 Pädagogischer Populismus in der Kritik

Der mehrdeutige Begriff des Populismus ist bereits häufiger aufgenommen und für den pädagogischen Bereich beleuchtet worden. Es ist also nicht etwa so, dass die Populisten keine Einschätzungen und keinen Widerspruch erfahren. Ob diese Texte als Einstiege in Diskurse geeignet sind, ist sozusagen die Nebenfrage, die parallel gedacht werden muss. Die von Fach-Journalisten (Spiewak) und Erziehungswissenschaftlern (Reichenbach, Ricken) vorgetragene Kritik findet Zuspruch beim kritischen Publikum, verhallt aber offenbar *vor* den Echokammern der Anhänger der Populisten.

Als Beispiele für die Auseinandersetzung mit pädagogischem Populismus als Schulkritik haben wir begrifflich schillernde Texte ausgewählt. Das ist kein Zufall, denn das Sujet fordert Ironie geradezu heraus. Wir bekommen es mit *Propheten*, (Spiewak 2013), *Scharlatanen* (Wartburg 2013/24), *Sisyphos* (Bernfeld nach Wartburg 2013/14), *Expertendämmerungen* (Burchhardt[70]), *Metapherngestrüpp* (Reichenbach 2014), *pädagogischem Kitsch* (Reichenbach 2003) und schließlich mit der generellen *Verachtung der Pädagogik* (Ricken 2007) zu tun. Was wir zeigen wollen, ist, dass es durchaus Bemühungen zur öffentlichen Aufklärung dieses Phänomens gibt und zum anderen, dass die Blickwinkel dabei sehr unterschiedlich sind.[71]

3.2 Verachtung der Pädagogik (Ricken)

In der Textsammlung mit dem Titel *Über die Verachtung der Pädagogik* hat Norbert Ricken (2007) eine aspektreiche Sammlung von Texten vereint, die systematische, gesellschafts- und professionstheoretische sowie vergleichende Perspektiven einnehmen. Die Beiträge beziehen sich in der Mehrheit auf das Ansehen von Erziehern in der Öffentlichkeit, die trotz der zentralen Bedeutung der Reproduktion des Sozialen im Vergleich zu anderen Berufsgruppen wenig Ansehen genießen. Die Antworten auf die Genese dieser Missachtung sind einigermaßen vielstimmig, kommen nicht zu definitiven Antworten, beleuchten aber ein Feld, in dem der erste Schritt zu einem Ausweg aus dem Dilemma aufscheint: Es könnte sehr wohl sein, dass der Umgang mit Verachtung Teil der pädagogischen Professionalität sein oder werden sollte. Das würde zuerst einmal bedeuten, dass Klagen über Geringschätzung von Seiten der Pädagog*innen, die ja eher als Verstärkung des Phänomens wirken, aufhörten. Es ist – so der Tenor der Argumentation – zu vermuten, dass das Ertragen von Verachtung in nicht-traditionalen Gesellschaften notwendiger Teil der Professionalität von Pädagog*innen ist. Wenn also zum Beispiel vereinfachend öffentlich von *Kuschel- und Leistungspädagogik* die Rede ist, so beinhaltet diese Vergröberung sicherlich eine Form von Verachtung. Die einhergehende Kränkung kann (und hat Zuhauf!) emotionale Reaktionen auslösen, sollte aber – professionell gewendet – eher eine Diskussion über die dialektischen Anteile von Zuwendung und Forderung, von Förderung und Leistungsanreiz provozieren.

Ein Beitrag von Sabine Andresen (»Grenzen der Anerkennung – Anerkennung der Grenzen«) benennt als einen Anteil der Anerkennungsproblematik der Pädagogik die Schwierigkeiten, ihre Grenzen zu markieren, also den Wechsel von Selbstüberschätzung und Selbstzweifel. Damit geht die Einschätzung einher, dass die akademische Disziplin die zukünftig Erziehenden nicht auf das *Überleben in der Praxis* vorbereiten kann. Die Gefahr des Scheiterns sei eine »Quelle für das Misstrauen gegenüber der Profession und der Disziplin und somit eine wesentliche Ursache für eine begrenzte und stets fragile Anerkennung.« (Andresen 2007, S. 134)

Markus Rieger-Ladich (»Akzeptanzkrisen und Anerkennungsdefizit: Die Erziehungswissenschaft als subalterne Disziplin?«) vermutet weitere Quellen der Verachtung auch in der Konkurrenz der Sozialwissenschaften, die sich spät erst wissenschaftlich etablieren konnten und gegenüber den Geistes- und Naturwissenschaften abgrenzen mussten. Dabei hat die *Dazwischen-Situierung* der Erziehungswissenschaft zu weiterer Abwertung geführt, denn der Gegenstandsbereich, dessen systematische Reflektion diese »verspätete Disziplin«[72] (Rieger-Ladich 2007, S. 164.) zu bearbeiten suchte, war ja zuvor von anderen Disziplinen bearbeitet worden.

Interessant für den von uns gewählten Betrachtungsbereich ist auch ein Aufsatz von Jürgen Kaube (»Die Profession der Lehrer und die Konstruktion der Pädagogik in den Medien«, Kaube 2007, S. 185-197), der feststellt, »dass der Ruf der Pädagogen durch die Medien derzeit nicht eben gestärkt wird. Sowohl die Lehrerschaft wie die Erziehungswissenschaftler genießen kein besonders hohes Ansehen.« (Kaube 2007, S. 187). Als eine der Quellen der Verachtung macht er das Gefälle zwischen den an die Schule gerichteten Erwartungen und der Schulwirklichkeit aus. Er vergleicht die öffentliche Reputation von Richtern, Ärzten und Lehrern hinsichtlich des Verhältnisses von Klient zu Dienstleistung. Es lässt es sich leichter feststellen, ob ein gerechtes Urteil ergangen, eine Krankheit geheilt wurde als sich die Frage, ob Unterricht erfolgreich war, beantworten lässt. Zudem kommt der Klient zu den Ausübenden anderer Berufsgruppen freiwillig, weil er ein Problem gelöst bekommen möchte. Schüler*innen sind gezwungen, an der *Veranstaltung Unterricht* teilzunehmen und versammeln gleichsam in ihrem Rücken eine ganze Mannschaft von Beurteilern des Geschehens: Eltern, Freunde, Juristen, Journalisten. Da Lehrer*innen niemals allen Ansprüchen gerecht werden können, schon gar nicht bei jedem einzelnen Kind, ist ihr Bemühen durch diese hohe Normsetzung per se zum Scheitern verurteilt. Nun gibt es Misslingen auch in anderen Berufsgruppen, aber nirgendwo wird so ausführlich an den gesetzten Sollwerten gelitten. Schon allein der so beschriebene Normalbetrieb von Schule reiche durch den ständigen Kontrast von Sein und Sollen aus, um stark verbesserungswürdig zu erscheinen, Gegenstand von Verachtung zu werden und deswegen journalistisch interessant, so Kaube.

Ricken sieht das »überdurchschnittlich ramponierte Ansehen« (Ricken 2007a, S. 9) der Pädagog*innen in der Ambivalenz von »Hochglanzbeteuerungen, dass Bildung und damit die Pädagogik insgesamt gesellschaftlich nicht nur unverzichtbar, sondern überhaupt wichtiger denn je« (ebd.) sei, während sich gleichzeitig hartnäckig negative Einschätzungen in der Öffentlichkeit halten. Wenn wir es also bei den Schulkritikern mit vereinfachten Theorie-Praxis-Räumen, etwa dem genannten und konstruierten Gegensatz von Kuschel- und Leistungspädagogik zu tun haben, so liegt die Sünde der Vereinfachung zunächst bei diesen. Auf der nächsthöheren Ebene beschreibt Ricken aber auch systemische Gründe dafür, dass es eine Tradition der Verunglimpfung nicht nur aus den anderen Wissenschaften, sondern eben auch als Folge pädagogischen Denkens gibt. Und: Pädagogisches Denken hat vergleichsweise geringen Einfluss auf politische Entscheidungen, wie unsere Bildungspolitik eindringlich zeigt. Der Gedanke, dass aus dieser Disposition – Selbstkritik, Folgelosigkeit, Uneindeutigkeit – besonders leicht pädagogischer Populismus als Schelte für den Erziehungsbereich entstehen kann, liegt auf der Hand.

Wenn es öffentlich fast gelungen ist, dass die »faulen Säcke« zu »armen Schweinen« mutiert sind, bleibt es doch bei der Herabsetzung eines Berufsstandes, der im Übrigen gesellschaftlich mit so ziemlich allem rhetorisch belastet wird, was soziokulturell gerichtet werden muss. Ein negativer Resonanzraum wirkt als Verfestigung der Stereotypen, die nicht etwa neu sind, sondern die Erziehungswissenschaft seit ihrem Beginn als eigenständige Disziplin belasten. Man kann sogar sagen, dass die Missachtung der Pädagogik älter ist als ihre universitäre Institutionalisierung.

Zuerst gab es pädagogisch Handelnde, die sich spätestens mit der Institutionalisierung der Erziehung auch als solche definierten, später dann erst die Einrichtung der Bezugswissenschaft. Möglicherweise musste sich die Erziehungswissenschaft mit Kritik an der praktischen Pädagogik hervortun; der Preis für die eigene Berechtigung wäre dann Distanzierung und Abwertung der Praxis.

Der Gegensatz, der bis heute in der Erziehungswissenschaft eine Rolle spielt, ist dann der, dass man sich gegenseitig folgenlose Theoriearbeit oder Praxisfixierung, letztere als Anbiederung interpretiert, vorwirft.

Zum Praxisfeld: Öffentliche Verachtung bezieht sich hier aber nicht auf die pädagogischen Tätigkeiten, wie Beratung, Moderation und Unterrichtung, sondern auf die Ausübenden. Die Abwertung der Akteure fällt dabei umso schärfer aus, je höher die Erwartungen sind. Heißt: Je stärker die öffentlichen Sehnsüchte bezüglich der Leistung des pädagogischen Bereiches geschürt werden – und das tun einige Pädagog*innen und viele Bildungspolitiker*innen – desto schärfer fällt die Geringschätzung der ausübenden Personen aus. Es ergibt sich also eine gleichzeitige Abwertung der handelnden Subjekte in Tateinheit mit einer Idealisierung der Pädagogik, verstanden als gesellschaftliches Reparatursystem.

Und was hilft uns diese Erklärung? Zunächst einmal verschafft es den Lehrenden die schöne Erkenntnis, dass nicht sie allein schuldhaft handeln, sondern in einen gesellschaftlichen Widerspruch verwickelt sind. Die Lehrer*innenschelte als Negativstereotype wäre dann ein Mittel, die zentrale gesellschaftliche Funktion des pädagogischen Systems gleichzeitig einzufordern und zu widerrufen. Ricken nennt das Konstruktion und Dekonstruktion der handelnden Akteure[73].

Wie sehr oft an diesem Punkt wird Adornos hinlänglich bekannte Schrift »Tabus über den Lehrberuf« (Adorno 1969) hinzugezogen. Die von Adorno zusammengetragenen Stereotype haben wohl eher nicht zu ihrer Abschwächung, sondern vielmehr zu deren weiterer Verbreitung beigetragen. Und es gelten dem Grundsatz nach einige der dort aufgeführten Gedanken zum Lehrerberuf bis heute, sie sind auch noch öffentlich aktiv.

Das pädagogische Arrangement als *Vergehen am Gegenstand*, der auf die verschiedenen Verständnisstufen der Schüler*innen zurechtgeschnitten werden muss, die *Déformation professionelle* des gesellschaftlich nicht ganz für Vollgenommen (Lehrenden), sind durchaus so manchem öffentlichen Ressentiment unterlegt.

Und diese Animositäten halten sich hartnäckig: Jede*r hat Erfahrungen im schulischen Sozialisationsfeld. Wir kennen zunächst einmal den eigenen Beruf, glauben aber auch den des Lehrenden zu verstehen – aus eigener Anschauung. Dieses Trugbild wird oft auch von Bildungspolitiker*innen nicht hinterfragt, weswegen sie sich durchaus anfällig für Stereotypen (und Populisten) zeigen, denn sie halten sich ja für Experten.

Wenn nun dieses »heikle Kippbild von Verhimmelung und Verteufelung« (Ricken 2007a, S. 30) Enttäuschung hervorruft – welcher Art auch immer, sie muss nichts mit der Person des Lehrenden zu tun haben –, dann fällt die Emotion nicht auf das System, sondern auf die handelnde Person zurück. Wut auf das Schulsystem ist eher unwahrscheinlich, weil Emotion sich immer einen Protagonisten sucht, der dann für etwas steht. Eigentlich aber – so Ricken – muss die Pädagogik herhalten für eine Macht, die sich mit ihr kaschiert.

Im täglichen Handeln verwandeln die Lehrenden objektive Ungleichheiten in subjektive und machen dadurch die Illusion der Chancengleichheit für den Einzelnen, der scheitert und sich selbst abwertet, akzeptabel. Diese Selektionsfunktion wird nicht unverschleiert ausgeübt, sondern bemäntelt mit Abneigung oder gar Widerwillen. Die gleichsam »geliehene« gesellschaftliche Macht wird öffentlich abgelehnt, aber regelmäßig praktiziert und somit werden die soziokulturellen Widersprüche personalisiert. Den so in der Person des pädagogisch Handelnden entstehenden Widerspruch hat einmal Herbert Stubenrauch für Lehrer*innen so pointiert: Sie müssen lernen, gleichzeitig als Selektionsbeamter und Sozialpädagoge zu handeln.[74]

Eine weitere Schwierigkeit im Ansehen des pädagogisch Handelnden liegt im Lernprozess selbst. Ricken fasst diese in einer dreigestuften Negativität zusammen: Den Moment der Erfahrung von Nicht-Wissen, die Unfertigkeit jeden Wissens und Könnens, das Wissen um unsere Endlichkeit und Begrenztheit.

Pädagogisches Handeln ist kein Herstellen oder Machen, das im Lernenden sicher bewirken kann, was der Lehrende sich vorgenommen hat. Der Glaube, direkt wirksam sein zu können, ist allerdings auch genauso abwegig wie die Vorstellung vom einfachen Wachsen-lassen.

In jedem Lernprozess gibt es einen Moment der Verunsicherung, weil das Subjekt sich im Prozess verändert. Die mantraartige Beschwörung der Bestandteile des Lernens: Freude, Lust am Fehler, Neugierde, Erfahrungshunger hat als Rückseite der Medaille die Tatsache, dass Bloßstellung und Beschämung immer noch häufig in Schule praktiziert werden. Zudem spielt der lenkend-entwickelnde Unterricht nach wie vor eine große Rolle im Alltagsgeschehen, es dominieren also oft noch Lehrer*innenfragen und Lehrer*innenkontrolle.

Das Gegenteil, die Freude an der Verunsicherung, das lustvolle Akzeptieren von Negativität, wird dabei zudem von dem Tatbestand unterlaufen, dass Qualifikation systemisch auch sehr oft mit folgender Selektion zu tun hat, was das Vertrauen in die gegenteiligen Beteuerungen der Lehrenden nicht gerade stärkt. Häufig entstehen so Kommunikationsmuster, in denen beide bemüht sind, ihre Negativität zu kaschieren, wie es in unserer Kultur, die auf Souveränität setzt, üblich ist.

Ricken empfiehlt, den Umgang mit Negativität als Brechung des eigenen Handelns aller am pädagogischen Prozess Beteiligten zu erlernen und zu kultivieren.

Es ist also auch kein Zufall, dass Lehrpersonen, die ja ständig in Negativität verwickelt sind, mit Unfähigkeitsvorwürfen überzogen werden, um die Brillanz der Kritisierenden umso heller leuchten lassen zu können. Eine Versuchung, der auch die Erziehungswissenschaft nicht immer widerstehen konnte und kann.

Folgend in diesem Kapitel beschäftigen wir uns nun mit einigen Kritiken des pädagogischen Populismus, um am Ende darüber nachzudenken, was Beide – also Populisten und deren Kritiker – vielleicht auf dem Hintergrund der Argumentation von Ricken gemeinsam haben. Später wollen wir uns fragen, ob es einen Umgang miteinander geben kann, der eine Diskussion miteinander befördern könnte. Dazu beschäftigen wir uns in Kapitel 4 mit Andreas Flitner und

›seinem Konrad‹ (Konrad, sprach die Frau Mama, Über Erziehung und Nicht-Erziehung).

3.3 Die Stunde der Propheten (Spiewak)

Im August 2013 fand in Berlin ein Kongress statt, bei dem Richard David Precht einen Festvortrag mit dem Titel »Wir brauchen eine Bildungsrevolution!« hielt. Der Star der Veranstaltung war Gerald Hüther, der sich auf seine Ergebnisse aus der Hirnforschung berief.

Aus diesem Anlass setzte sich Martin Spiewak, Redakteur der ZEIT, mit der von Juul[75], Hüther und Precht vorgetragenen Schulkritik auseinander (Spiewak 2013).

Den aktivsten der Drei, Hüther, bezeichnet er als »Bildungsguru«, der fernab von empirischer Forschung behaupte, beschreiben zu können, wie Lernen neurobiologisch funktioniere. Der Reiz einfacher Erklärungen und beteuerter Gewissheiten täte seiner Wirkung gut und begründe die Popularität dieser Autorengruppe, die die klassische Erziehungswissenschaft »alt aussehen« ließen (ebd.).

Hüther ist einige Jahre mit »Schule im Aufbruch« durch die Republik gereist und findet überall andächtiges Publikum. Die Sehnsucht nach Lösung der Probleme unserer Bildungssysteme ist offenbar so groß, dass Heilsversprechen widerspruchslos aufgenommen werden.

Am Beispiel von Hüther führt Spiewak nun aus, dass es um die Expertise und das wissenschaftliche Renommee der Autoren schlecht bestellt sei. Sorgfältig recherchiert zeigt er auf, dass die (auch räumliche) Verankerung Hüthers an der Universität Göttingen eher bescheiden ausfalle, die »Zentralstelle für neurobiologische Präventionsforschung« ein Ein-Mann-Betrieb sei und Hüther lediglich in der neurobiologischen Grundlagenforschung gearbeitet habe. 2001 erhielt er in dieser Tätigkeit öffentliche Aufmerksamkeit mit einer Interpretation von Rattenversuchen, die besagte, Ritalingaben in der Kindheit erhöhe das Risiko auf eine spätere Parkinsonerkrankung. Forscherkollegen kritisierten diese Aussage als spekulativ und seitdem publiziert Hüther nicht mehr in seriösen Fachzeitschriften.[76]

Dafür ist er aber um so präsenter mit einer Vielzahl von populären Veröffentlichungen und Auftritten, seinen universitären Kollegen allerdings eher aus dem Fernsehen bekannt. Trotz dieser von einigen angezweifelten wissenschaftlichen Reputation wird Hüther mal als *führender Neurologe*, mal als zum »weltweit richtungsweisenden Dutzend seines Fachs« gehörig (manager magazin) vorgestellt.[77]

Die verflachte Version von Rousseaus Émile, die Anschauung vom guten Kind und der bösen Gesellschaft, liegt bei Precht, Juul und Hüther vor, bei letzterem ergänzt um die Prinzipien *Begeisterung* und *Potentialentfaltung*. Dass diese einfache Logik auch bei Lehrer*innen gut ankommt, erklärt Spiewak mit der Sehnsucht, die Mühen des Alltags überwunden zu sehen und der Hoffnung auf eine andere Welt, in der Schüler*innen und Lehrer*innen Freunde werden. »Sehnsucht nach Feldgottesdiensten und Priestern« nennt Reinhard Kahl das, der sich inzwischen von Hüther distanziert.

Spiewak beschreibt die Darstellungen Hüthers als ein Gemisch von Alltagsweisheiten, lerntheoretischen Banalitäten und eingestreuten Show-Begriffen (»präfrontaler Kortex«), die Wissenschaftlichkeit signalisieren sollen. (Spiewak 2013)

Dabei sei Hüther ein charismatischer Redner, der zu Beginn seiner Vorträge gerne eine pessimistische Weltsicht zur Schau stelle, der dann eine Darstellung folge, in der es gerade noch so möglich scheine, »das Ruder herumzureißen«.

Die von Spiewak kritisierten Autoren betreiben Netzwerkarbeit, indem sie sich öffentlich unterstützen und gegenseitig empfehlen. Projekte werden nicht evaluiert, sondern eher still beendet oder weitergereicht. Das gelte für das »Alm statt Ritalin«-Projekt[78] und auch für »Schule im Aufbruch«.

Die Zerlegung der wissenschaftlichen Reputation von Hüther, die Spiewak in bester Enthüllungsmanier betreibt, hat dessen Beliebtheit keinen Abbruch getan.

Die von ihm kritisierte Gruppe von »Bildungspredigern« nährten weiterhin eine halbwahre Vereinfachung, von der sich sehr viele nicht freiwillig verabschieden wollten: Kinder wollten lernen, tun das auch gerne und freiwillig, aber die Schule hindere sie daran.

Spiewak weist darauf hin, dass es sehr unterschiedliche Formen und Abstraktionsgrade von Lernen gibt, auch sehr unterschiedliche Annäherungen an Primärerfahrung, zuletzt aber doch die Mühen des Alltags im Unterricht entscheidend seien. Zudem beschwören Juul, Precht und Hüther – so Spiewak – ein Zerrbild von Schule als »Lernfabrik aus der Blütezeit der Industrialisierung«[79] um es mit der Utopie einer Schule ohne Klassen, Fächer und Lehrer, die lehren, zu kontrastieren.

Die recht heftige Schulschelte (»Dressureinrichtungen«), so Spiewak, führte bei Precht sogar zu der Feststellung, man könne »einer normalen Mittelschichtsfamilie« nicht mehr empfehlen, ihr Kind auf eine öffentliche Schule zu schicken. Der hier erwartete Schmerzensaufschrei der Lehrer*innen bleibe aus. Als Grund vermutet er Ehrfurcht vor den Autoren.

Die Gefahr, die er eindrücklich darstellt, ist, dass die Faszination des Einfachen bis in die Spitzen der Kultusbürokratie hineinreiche und die Auflagenhöhe der Bücher dafürspreche, dass ein öffentliches Interesse an der Veränderung von Schule bestehe, Argumente und Vorschläge von den etablierten Erziehungswissenschaften aber selten oder – so unsere Vermutung – als zu komplex aufgenommen wird. Die einzelne sich – mal wieder – gescholten sehende Lehrperson fühlt sich eventuell auch gar nicht zur Erwiderung genötigt. Sie ist entweder im Sinne von emotionaler Entlassung aus der Komplexität ihrer Tätigkeit recht fröhlich und dann unter Umständen Anhänger*in von Hüther und Co. Oder: Sie fühlt sich ja gar nicht zuständig, sondern erwartet die Erwiderung auf die Populisten aus dem Bereich der Experten ihrer Grundlagenwissenschaft.

Weitere Auseinandersetzungen mit dem Populismus, zum Beispiel »Im Zeitalter der Scharlatane« in der Zeitschrift des LVB (Lehrerverein Baselland, Dachverband der Baselbieter Lehrerinnen und Lehrer) von Roger von Wartburg (Vorsitzender des lvb) trägt die vorhandenen kritischen Ansätze zu Hüther, Precht und Fratton[80] zusammen. (Wartburg 2013/14) Er nennt sie Scharlatane und erklärt mit diesem Bild eines Menschen, der den Schein von Gelehrsamkeit und Weisheit erwecken und gleichzeitig die öffentliche Aufmerksamkeit auf sich ziehen kann, das Verhalten einiger Akteure der Bildungsdebatte. Er bezieht sich wie Spiewak auf die »Vision Summit EduAction« von 2013 und geht dabei auf den Einwand ein, die Erziehungswissenschaft schweige zu den Populisten, weil sie sich nicht dem Verdacht aussetzen wolle, neidisch zu sein auf die öffentlichen Huldigungen. Hier weist er auf Aussagen Matthias Burchardts[81] (Pädagogische Hochschule Ludwigsburg) hin.[82]

Dieser mahnt ausdrücklich die Pflicht einschlägiger Expert*innen an, darauf einzuwirken, dass die Diskussion sachgerecht und aspektreich geführt wird. Dazu gehöre auch das Entlarven von Scharlatanen, die erheblichen Einfluss auf die öffentliche Meinung nähmen und auch Einfluss auf die Politik hätten.

3.4 Schulkritik – eine metaphorologische Betrachtung – (Reichenbach)

Unter dem Blickwinkel der Bildhaftigkeit geht Roland Reichenbach in seinem Essay *Schulkritik – Eine metaphorologische Betrachtung* (Reichenbach 2014) ebenfalls auf populäre Schulkritik ein. Er beobachtet, dass von einer breiteren Öffentlichkeit nur wahrgenommen wird, wer im pädagogischen Bereich unterkomplex und ohne Forschungsfragen auftritt.

Reichenbach beschäftigt sich mit der öffentlichen Bildungskritik, ebenso mit der Frage, was Kritik überhaupt sei und dem metaphorologisch[83] ideellen Hintergrund der Schulkritik.

Die Zusammenfassung dessen, was an Schule so alles kritisiert wurde und wird, ist einigermaßen erschlagend und verdichtet sich – so zusammengetragen wie bei Reichenbach (2014, S. 228) – bei den Lesenden zu dem Eindruck, an Schule könne man einfach alles – das jeweilige Gegenteil eingeschlossen – kritisieren. Die häufig vertretene Argumentation, ein rohstoffarmes Land brauche Bildung, um weiterhin florieren zu können, wird von ihm eher ironisch als eine Art Grundrauschen hinter den verschiedenen Aspekten von Schulkritik aufgenommen. Dabei wendet er die Rohstoffmetaphorik spöttisch als Bild für den *Sumpf* der darin versinkenden Bildungspolitiker an.

Einige der Aspekte haben wir bereits an den von uns gewählten populistischen Beispiel-Autoren aufzeigen können, Reichenbach ergänzt die Beobachtung durch den Hinweis auf die Vielzahl von Naturmetaphern, in denen gesprochen wird. Unter der *Wachstumsmetapher* fasst er drei Gruppen von Autoren zusammen, die über das natürliche Verhältnis von Jung und Alt bestens Bescheid wissen:

1. Die erste Gruppe findet, dass zu viel gekuschelt und zu wenig geführt wird.
2. Die zweite Gruppe findet die Schule nicht kindgerecht und weiß alles über die wahre Natur des Kindes.
3. Eine dritte Gruppe weiß alles über das *Gehirn*. Hier nennt er Spitzer[84] und kontrastiert dessen einfache Logik mit einigen der ausgeblendeten Aspekte schulischen Lernens, wie das Ringen um Aufmerksamkeit, Üben und Wiederholen und die Verständigungsakte. Die Vernachlässigung der um Erkenntnis ringenden Person, die in einem kommunikativen Kontext hermeneutische Grundoperationen übt, erinnere in ihrer Einfachheit an den Nürnberger Trichter. Dabei macht Reichenbach sich über Spitzers Bemerkung, das Gehirn unterscheide nicht »zwischen Erziehung und Bildung – genauso wenig wie die Engländer«[85] gehörig lustig.

Grundsätzlich heben Metaphern einzelne Aspekte der Wirklichkeit hervor und vernachlässigen andere. Sie sind also besonders geeignet, Simplifizierungen plausibel vorzutragen, weil ihre Logik auf den ersten Blick besonders gefällig wirkt. Dabei arbeiten die Schulkritiker häufig mit dem Weglassen fundamentaler Aspekte, die aber jeweils zunächst in der Naturmetapher nicht zu fehlen scheinen.

Reichenbach leistet an dieser Stelle etwas, was hilfreich sein kann, populistische Positionen zu entlarven. Er nennt sechs abstrakte Kennzeichen, anhand derer populistische Schulkritik erkennbar sei:

1. Schlichtheit (Leugnen der Komplexität des Bildungssystems),
2. Reduktionismus (Fokus auf personalistische bzw. mikrosystemische Sicht: das Kind, der Lehrer, das Hirn),
3. (Romantische) Dichotomisierung von Schule und Leben,
4. Fokus auf Verfügungswissen (Praxisrelevanz, Nützlichkeit, Kompetenzorientierung),
5. Mythos der intrinsischen Motivation (Lernen soll Spaß machen oder wie von allein funktionieren),
6. Radikale Outputsteuerung (Forderung nach Vergleichbarkeit).

Reichenbach gibt hier in Bezug auf Punkt 6 den recht bösen Spaßvogel, wenn er bemerkt, der Wechsel von der »oralen auf die anale Fixierung« erscheine »offenbar manchen als Fortschritt«, dabei stellt er den Zusammenhang zu einer Gesellschaft mit analen Zügen her. (Reichenbach 2014, S. 231) Es werde nur noch unter den Kategorien *Besitz*, *Produktion* und *Zeit* über öffentliche Bildung gesprochen und bei dem Hinweis auf *Effektivitätskriterien* und *Monitoring* bleibt den Leser*innen dann auch durchaus das Lachen im Halse stecken.

Weitere Aspekte, die Reichenbach beleuchtet, sind methodologischer Natur. Was bedeutet Kritik?[86] Zunächst einmal *Kunst der Beurteilung*. Seit dem 17. Jahrhundert ist aber bereits die Neben-Konnotation des Begriffs eine negative, etwa *nörgeln, kleinlich sein*. Unter diesem Aspekt kann man einen Großteil der Schulkritik in gewisser Weise betrachten.

Wenn Kritik aber als *Unterscheidungskunst und begriffliche Arbeit* verstanden wird, dann ist dies eine der zentralen Fähigkeiten, die die Institution Schule vermitteln und fördern sollte. Sie ist konstitutiv für das Funktionieren von Demokratie; Bildung ist also in diesem Sinne anti-indoktrinär. Die positive Korrelation zwischen Bildung und Demokratie gilt als empirisch erhärtet.

Soweit die gute Nachricht, aber da es in dieser Staatsform darum geht, um Mehrheiten durch Überzeugung und Überredung zu ringen und beides nicht immer leicht unterscheidbar ist, kann es durchaus vorkommen, dass schlechte Argumente durch Überredungskraft Mehrheiten erringen. In der politischen Kommunikation spielen Metaphern oft eine entscheidende Rolle und nicht immer siegen die besseren Argumente.

Mit Blick auf die Schulkritikvarianten *Kuschelei*, *Kindgerechtigkeit*, *Hirn*, *Output* tritt nun die Frage auf, ob es Kriterien seriöser Bewertung (Unterscheidungskunst) gibt. Reichenbach schlägt vor, dass, wenn wir die Schulkritiker nicht als Nörgler abtun wollen, wir mit Kant dogmatische, kritische und skeptische Einwände unterscheiden sollten. Der Einwand, der aus Wissen über den Gegenstand erfolgt, wäre dann – nach Kant[87] – der dogmatische. Der kritische Einwand muss den Gegenstand nicht unbedingt kennen oder sich bessere Kenntnis anmaßen, um sagen zu können, dass er grundlos (nicht unrichtig) ist. Und der skeptische Einwand stellt die verschiedenen Ansichten über den Gegenstand einander gegenüber, um alle Urteile über den Gegenstand als falsch zu entlarven.

Was hilft uns das nun bei den populären Schulkritikern? Wir meinen, dass die Kategorien hilfreich sein können bei der Entlarvung der »Scharlatane« (Wartburg 2013/14).

Kritik an der Schulkritik arbeitet häufig dogmatisch, was nach unseren Beobachtungen angesichts der großen Versuchung für jede*n angesichts des argumentativ dünnen Eises, auf dem so mancher Schulkritiker herumschlittert, auch nachvollziehbar ist. Da ist der Reiz wahrlich groß, sich als besser Wissender, als Besserwisser zu gerieren.

Der skeptische Einwand ist sehr voraussetzungsreich, wirkt gelegentlich elitär und hat deshalb wenig öffentliche Wirkung.

Die unausgesprochene Empfehlung Reichenbachs ist der Umgang mit den populären Schulkritikern in der Form des kritischen Einwands. Als Beispiel für eine solche Beanstandung weist er auf eine Untersuchung von Helmut Heid hin (ebd.), der die Behauptung, dass Leistungsstanderhebungen der Qualitätssicherung dienen, als grundlos entlarvt.

Zunächst einmal stellt er die Frage nach dem Zusammenhang, der allerorten implizit behauptet wird, genauer: Welcher Verursacherzusammenhang muss sich empirisch bestätigen lassen, wenn vom Lernerfolg oder Misserfolg von Schüler*innen auf die Qualität des Bildungssystems geschlossen werden kann? Die genaue Herleitung sei den Leser*innen an dieser Stelle erspart (nachzulesen ebd., S. 234), interessant für unseren Gedankengang ist die Schlussfolgerung, dass Bildungsstandards unter diesem Blickwinkel empirisch unbelegt, die Rede von der Evidenzbasierung also nicht unproblematisch und das übrige in den Schulen vorhandene pädagogische Wissen, was Qualität bedeute, nicht weniger abgesichert sei. Das wäre schon einmal ein Argument für das, was gute Kritik leisten kann: nicht Besserwissen, wohl aber Hinweis auf die tönernen Füße, auf denen manche Behauptung zu Schule steht.

Metaphern dienen nicht nur in der Politik, sondern auch in der Pädagogik als Mittel zur Erkenntnis, aber auch zur Beeinflussung. Ohne Analogiebildungen können wir Erfahrungen nicht sprachlich kommunizierbar machen, aber sie sind aus ihrer Konstruktion heraus bereits verkürzend und gedanklich bevormundend. Kinder sind keine Pflanzen, Lehrer keine Gärtner, aber die Betrachtung der Metaphern kann Einsicht gewähren in den Kontext der jeweiligen pädagogischen Denkweise. Wenn nur aus einer Metapherngruppe heraus agiert wird (hier: Wachstum) erzeugt es den Schein von etwas, was bei der Betrachtung der Komplexität unseres Bildungssystems von vielen so sehr vermisst wird: Kohärenz.

Pädagogischer Kitsch (Reichenbach)

Reichenbach (2003) sieht zudem besondere Gefahren für die Erziehungswissenschaft durch das, was er als *pädagogischen Kitsch* bezeichnet, also das Herausputzen, das Unwahre, die Affektansprache und die Sehnsucht nach ungebrochenem Glück. Kitsch ist in der pädagogischen Tradition schon allein deshalb fest verankert, weil frustrierende Erziehung Sehnsüchte nach einfachen Lösungen weckt. Anteile von Kitsch sind bei den Schulkritikern wiederzuerkennen: Biedere Ernsthaftigkeit, Betroffenheitspädagogik, auch anti-pädagogischer Kitsch und – weit verbreitet – das Preisen des Allheilmittels Ganzheitlichkeit. Als Gegenmittel empfiehlt Reichenbach Ironie und Funktionalismus.

Es fällt auf, wie gehäuft Schulkritik Metaphern des Natürlichen bemüht. Diese anti-institutionelle Haltung beinhaltet romantische Motive, mit Luhmann gesprochen die *Kapitulation vor hoher Komplexität.*

Wir beobachten also begrifflich unterschiedlich gefüllte Beschreibungen vergleichbarer Tatbestände.

Wenn wir nun die Schulkritik als dogmatische Kritik beschreiben, wäre es besser, sich nicht auf diesen Dogmatismus einzulassen, sondern die (fehlenden) Grundlagen anzumahnen. Sonst bewegen wir uns scheinbar auf demselben Terrain, auf dem populistische Schulkritiker einander vorwerfen, sie hätten mehr Kinder, Lehrer*innen und Hausmeister gesprochen und besäßen darum das fundiertere Urteil. Wenn pädagogische Argumentation sich oftmals in organischen Metaphern bewegt, so empfiehlt Reichenbach auch einmal den Bildbruch zu wagen, denn monistischer Metapherngebrauch suggeriert Widerspruchslosigkeit. Und das ist offenbar die große Sehnsucht, die von den Populisten bedient wird.

3.5 Ein anderer Umgang mit pädagogischen Populisten

Vor dem Hintergrund der Argumente und Darstellungen von Ricken, Spiewak und Reichenbach ist es folglich eine Überlegung wert, ob ein anderer Umgang mit den pädagogischen Populisten vielleicht eher öffentliche Wirkung entfalten könnte. Die Demontage etwa durch den Zeit-Redakteur (Spiewak[88]) ist im Sinne öffentlicher Aufklärung zunächst ein sicherlich unverzichtbarer Impuls, müsste dann aber vielleicht mit anderen Mitteln weitergeführt werden.

Im Sinne der Argumentation von Reichenbach wäre weder eine dogmatische noch eine moralische Argumentation sinnvoll, sondern eine, die den jeweiligen Populisten nicht umfänglich null und nichtig macht, sondern einzelne Kritikpunkte aufnimmt und beleuchtet.

Das mag zunächst für wissenschaftlich arbeitende Autor*innen wenig attraktiv klingen, wäre vermutlich innerhalb der Fachwissenschaft eher verpönt, könnte aber einen Versuch darstellen, die Anhänger der Populisten nicht gleich in den ersten Sätzen zu verprellen. Der Hybris der Besserwisserei, die Ricken uns schon für den Beginn der Erziehungswissenschaften anträgt, könnte ausgewichen werden – allerdings unter Umständen um den Preis der Verachtung aus der eigenen Disziplin. Das Wagnis könnte eingehen, wer sich nicht gerade im Wissenschaftsprozess profilieren muss und fähig wäre zu beweisen, dass nicht nur die Populisten sich in einer Weise um die pädagogische Praxis kümmern, die auch Lieschen Müller und Studienrat Meyer verstehen, sondern auch die zugehörige Fachwissenschaft ausreichend verständlich und vielleicht sogar populär – nicht populistisch – darzustellen versteht. Die Hybris der Besserwisserei ist allerdings im Moment eher auf beiden Seiten unterwegs.

Zur Ehrenrettung muss gesagt werden, dass die Erziehungswissenschaft sicherlich schon häufiger in Konkurrenz zu »Kochbuchpädagogik« (Man nehme …) und Populismus mit pragmatischen, gleichwohl fundierten Aussagen aufgetreten ist. Etwas *volksnäher* arbeitende Pädagogen wurden aber auch oft genug durch die eigene Disziplin zurückgepfiffen. Zudem hat dasselbe Lagerdenken wie in der Politik so manchen fruchtbaren Ansatz gestoppt, weil nicht wahrgenommen wird, was *aus der falschen Ecke* kommt.

Aber: Wer erklärt jenseits wohlmeinender Plattitüden von Zeitschriften in unserer Kultur den pädagogisch handelnden Laien, was ein entspanntes, trotzdem reflektiertes Verhältnis zur Erziehung sein kann? Vielleicht brauchen wir einen europäischen Dr. Spock[89], der Kindererziehung popularisiert und anwendbar macht – oder einen neuen Flitner vielleicht?

Teil II
Pädagogische Perspektiven und Alternativen

4 Konrad zum Beispiel

Ein gutes Beispiel, wie man mit dem umgehen kann, was uns an pädagogischer Argumentation nicht oder nur mäßig sinnvoll erscheint, haben wir bei Flitner (2000, 1. Auflage April 1985) gefunden. Schon der Titel »Konrad, sprach die Frau Mama«, einer Erzählung aus Hoffmanns[90] *Struwwelpeter*, knüpft an geistiges Allgemeingut an, ist trotzdem nicht populistisch. Der Daumenlutscher Konrad, der trotz der Ermahnungen der »Frau Mama« weiter lutscht und durch grausames Abschneiden der Daumen bestraft wird, steht für eine Erziehung mit Strafe und Liebesentzug. In den 80er Jahren, in denen der Text von Flitner zuerst erschienen ist, stellt der *Struwwelpeter* ein Sinnbild für autoritäre Erziehungspraktiken dar.

Der gesuchte gedankliche Anknüpfungspunkt skandalisiert nicht, sondern bebildert eine Anschauung von pädagogischem Handeln, die von zukünftigen Leser*innen abgelehnt wird und so Interesse wecken kann. Flitner klopft sozusagen die Antipädagogik auf Impulse für pädagogisches Handeln der Gegenwart ab. Dabei, so Albert Schirnding (Süddeutsche) im Klappentext »sitzt er weder auf dem hohen Ross seiner Wissenschaft noch in den Polstern jener Retourkutsche, aus der die vollmundige Parole ›Mut zur Erziehung‹ schallt«. Metaphernfülle rundum!

Der völlig unaufgeregte Text stellt unserer Meinung nach immer noch – er ist ja nahezu 40 Jahre alt – ein gutes Beispiel dafür dar, wie die Erziehungswissenschaft mit kritischen und populären Einwürfen umgehen kann.

Der Ausgangspunkt mit Hoffmanns *Struwwelpeter* – und damit bei Jugendprotest und Jugendverwahrlosung – stellt eine kluge Fundierung der an die zeitgenössische Pädagogik zu stellenden Fragen dar. Diese sehr beliebte volkstümliche Darstellung erzieherischer Gewalt und der Grundthemen des Erziehungsalltags ist vermutlich rundum kulturbekannt. Es hat viele Adaptionen (z. B. Cilly Schmitt-Teichmanns *Struwwelliese* [1950]) gegeben und der Dreiklang *Klassiker der Kinderliteratur* wird auch heute noch mit *Struwwelpeter*, *Struwwelliese* und Buschs *Max und Moritz* angegeben.[91] Das Thema ist immer wieder aktuell, nämlich der Kontrast von Anarchie und Anpassungsforderungen.

Die gedankliche Anbindung an »Ich möchte nicht so erziehen wie die *Frau Mama*« eröffnet auch pädagogischen Laien eine Lesemotivation. In der Einleitung erklärt Flitner, dass er nicht antritt, um pädagogische Traditionen zu verdammen und die Anti-Pädagogik zu widerlegen, sondern um beide auf gedankliche Elemente hin zu untersuchen, die geeignet sind, neu über die Pädagogik der Gegenwart nachzudenken. Der Ansatz ist also nicht der der Gegenkritik (bei Reichenbach moralische Kritik), sondern des Heraus-Sezierens von Ansätzen, die für die Gegenwart der Erziehung brauchbar sind, und sei es als Gegenentwurf oder in dialektischer Aufhebung.

4.1 Schwarze Pädagogik

Katharina Rutschky (1977) hat unter dem Blickwinkel der »schwarzen Pädagogik« Texte des 18. und 19. Jahrhunderts zusammengetragen, die in den 1970er/80er Jahren mit der Fülle der Darstellung von Anleitungen zur systematischen Drangsalierung von Kindern einigermaßen schockierend wirkten.[92] Flitner geht behutsam der Frage nach, wie es sein konnte, dass diese Seite der Pädagogik von ihrer eigenen Disziplin so lange übersehen oder negiert wurde. Der Begriff Schwarze Pädagogik wurde von Rutschky geprägt, um die sozusagen dunkle Seite der Pädagogik der Aufklärung und des Philanthropismus und ihre Auswirkungen auf den Zögling zusammenzufassen. Er bezieht sich auf die Vorstellung, dass der Mensch durch Erziehung seine Natur hinter sich lassen müsse, um zur Vernunft gelangen zu können. Vom Grundsatz her also eine Vorstellung, die davon ausgeht, dass aus der ursprünglichen Verfasstheit des Kindes Verhaltensweisen durch Erziehung ausgetrieben werden müssten. Damit ist die Rolle des Erziehenden zwangsläufig festgelegt auf Gängelung und Einschüchterung.

Die ideengeschichtliche Gegenbewegung der Reformpädagogik widerspricht diesem Erzieher-Bild vehement und bezieht sich stärker auf das Kind, von dem aus pädagogisches Handeln zu denken sei. Beide Anschauungen wirken in der Gegenwart weiter. Rutschky, die eine psychoanalytisch ausgerichtete Deutung des Gedankenguts der Aufklärung liefert, sammelt und kommentiert Texte von 1748 bis 1908, die besonders deutlich die dunklen Seiten dieser Anschauung von Erziehung dokumentieren. Die Reaktion in pädagogischen Kreisen war entsprechend heftig, weil die Vorstellung unterlegt war, dass diese Auffassung von Erziehung weiter in der Praxis wirksam sei. In der fortgeführten Interpretation (z. B. von Alice Miller[93]) wurden die aus der Aufklärung stammenden Ideen dann endgültig aus ihrem historischen Kontext gelöst und der Begriff *Schwarze Pädagogik* allgemein als Bezeichnung für eine Pädagogik genutzt, die darauf ausgerichtet ist, den Willen des Kindes zu brechen und Einschüchterung, Erniedrigung und Beschämung als erzieherische Mittel einzusetzen. Miller löst diese Vorstellungen noch weiter aus ihrem Kontext, indem sie die Handlungsmotivation der erziehenden Person als Machtmissbrauch und Affektabfuhr der anderweitig Ohnmächtigen interpretiert. In der Folge wurde aus dieser Kritik, die den Erziehenden ja unter einen furchtbaren Verdacht stellte, eine antipädagogische Haltung.[94] In dieser Logik ist dann keine ›gute‹ Erziehungssituation mehr denkbar, denn sie wird als Reproduktion der problematischen Sozialisation des Erwachsenen, in der erlittene Demütigungen immer wieder weitergegeben würden, interpretiert. Die Antipädagogen wollten nun als Konsequenz dieser Anschauung von

Erziehung aus den – aus ihrer Sicht – hierarchischen Strukturen der herkömmlichen Pädagogik aussteigen und die Selbstbestimmung des Kindes akzeptieren. Dazu entwickelten sie eine Vorstellung, die davon ausging, dass jedes Kind grundsätzlich gut sei und für sich selbst Verantwortung übernehmen könnte.[95] Beide Bewegungen wirken bis in die Pädagogik der Gegenwart und sind als Hintergrundmusik vielen populistischen Polarisierungen hinterlegt.

Flitner bindet diese Vorstellungen an ihren historischen Kontext zurück. Zunächst einmal müsse man sich klarmachen, dass die von Rutschky gesammelten Texte zumindest zum Teil Ausdruck der die pädagogischen Autoren umgebenden Erziehungsvorstellungen seien, die die lesenden Bürger*innen ihrer Zeit oftmals plausibel fanden. Die öffentliche Diskussion von Erziehungshandeln im ausgehenden 18. Jahrhundert rückt das Kind in den Fokus, denn im aufstrebenden Bürgertum gilt nun nicht mehr die Geburt (Adel), sondern eine neue ›bürgerliche Nobilität‹ als erstrebenswert. Diese hebt ab auf die Unbeschriebenheit des Kindes und seine umfänglichen Entwicklungsmöglichkeiten, was die gesellschaftliche Bewertung von Bildung stark verändert. Parallel läuft ein Prozess staatlicher Zentralisierung von Funktionen, der intimere Lebensformen, wie die der Kleinfamilie, befördert.

Das hatte Auswirkungen auf die Pädagogik, die sich zuvor eher mit Ideengeschichte und Schulwesen beschäftigt hat und nun eine Art *Beratungsmarkt Familie* bedienen musste, denn eine zunehmende Selbstkontrolle musste innerfamiliär gelehrt werden, weil der Einfluss der sozialen Umgebung sank. Deswegen ist die Erziehungsliteratur der Aufklärung so voll von Ratschlägen zur Internalisierung von Verhaltensnormen, von moralischen Ermahnungen und strikten Disziplinforderungen.

Das Bewusstsein der Besonderheit kindlichen Lebens und dessen folgendes Herauslösen aus dem direkten Arbeits- und Wirtschaftsprozess stellte nach Flitner zunächst ja eine große Veränderung dar, die von vielen als Fortschritt empfunden wurde. In der Folge aber entstand ein ungeheurer Druck auf die Erzieher*innen, die folglich nun durch ihr Handeln den persönlichen und sozialen Charakter des Kindes erzeugen, möglichst garantieren mussten. Es entstand also eine Dichotomie pädagogischen Handelns: einerseits die Befreiung aus der Unmündigkeit und der sozialen Bestimmung, andererseits das Bemühen, im Innern des Kindes eine Steuerungsinstanz zu errichten.

Diese Seite steht hier nun als kinderfeindlich, triebfeindlich und freiheitsfeindlich zu Recht in der Kritik und mit ihr insgesamt die Rechtmäßigkeit von Erziehung.

Flitner prüft, ob sich diesen menschenfeindlichen Dokumenten »nicht noch eine andere Vernunft abgewinnen lässt« (ebd., S. 25). Diese Haltung des behutsamen Abtastens der zunächst als provokant empfundenen Texte wäre vielleicht ein guter Ansatz, mit pädagogischen Populisten umzugehen.

Dazu ein Beispiel Flitners: »Affenliebe«, also Verwöhnung des Kindes, ist schon qua Begriff die Diffamierung einer intensiven Beziehung zwischen Mutter (oder Vater) und Kind. Am Beispiel dieses Begriffes zeigt er, dass Rutschkys Sammlung negativer Texte Anlass sein kann, über eine grundsätzliche pädagogische Schwierigkeit nachzudenken, die eben wiederum in einem inneren Widerspruch der Erziehung selbst besteht. Die extremen Pole desselben Handlungsrahmens wären dann das verhätschelte oder das leistungsdressierte Kind. *Affenliebe*, also ein übertriebenes Besitzverlangen (z. B. als Partnerersatz) der Mutter, ist in der Tat ein pädagogisches Problem, ebenso wie extreme Förderszenarien (Helikoptereltern) es sind. Wenn Rutschky aus den (historischen) Texten folgert, dass Liebe als Äußerung des Erziehers generell nicht zugelassen wurde, so gibt sie doch nur einen Teil einer widersprüchlichen Erziehungswirklichkeit wieder. Liebesverwöhnung und fordernde Erziehung sind zwei Seiten ein – und derselben Medaille.

Die Entwicklung zur emotional getönten Lebensgemeinschaft der Familie vollzieht sich im Laufe des 18. Jahrhunderts. Am Ende der Entwicklung steht die Mutterliebe als natürlicher und gesellschaftlicher Wert und der Respekt vor dem Individuum mit unveräußerlichen Rechten wird auch dem Kind zuteil, zunächst als ein Teil der Existenz der Mutter, später auch als selbstständiger Person.

In die historische Entwicklung dessen, was nun *Mutterliebe* heißt, sind die von Rutschky gesammelten Texte einzuordnen als Suchbewegungen nach dem richtigen Maß von Verzärtelung und Abhärtung.

An diesem und einem weiteren Beispiel, dem Wandel der sozialen Stellung der Kinder, zeigt Flitner nun, wie generell mit kritisch einseitigen Einschätzungen verfahren werden kann. Zum einen sollte das Material in seinen historischen Kontext zurückgeführt und zum anderen die Dialektik des jeweiligen pädagogischen Problems wieder hergestellt werden, um es wieder diskutierbar zu machen. Ein solches Verfahren wäre eine Art Rückgewinnungsprozess von einseitig kritischen (und vielleicht populistischen) Ansätzen für den pädagogischen Diskurs.

Grundlage dieses Verständnisses ist die Vorstellung, dass Probleme im Umgang mit Erziehung nicht einfach durch Anwendung von Prinzipien oder empirisch gewonnenen Regeln gelöst werden können, sondern dass in der Mehrheit der Handlungssituationen Widersprüche abgewogen werden müssen. Gerade die gegenseitige Korrektur von zum Beispiel *Verwöhnen* und *Abhärten*, in sorgfältiger Abwägung beider Prinzipien gewonnen, führt zu situationsgerechtem Handeln.

Das Verdienst von Rutschkys Sammlung wäre dann die Wiederherstellung der Dialektik einer oft eindimensional rezipierten Tradition, in der nur die Fortschritte gesehen wurden. Bleibt noch die Frage, wieso die Ideen freiheitlicher liebevoller Erziehung, die ja ebenfalls »gedankenreich entwickelt« (ebd., S. 45) wurden, so wenig folgenreich waren.

Mit diesem Gedankenanstoß – er bezieht hier auch den nicht wirklich folgenreichen reformpädagogischen Aufbruch des frühen 20. Jahrhunderts mit ein –

gibt Flitner einen Hinweis auf eine bis heute bestehende Frage. Es ist die Frage nach der öffentlichen Wirksamkeit pädagogischer Ideen. Die historisch hinterlegte Antwort – die Macht lag in anderen Händen – ist ja nur die Hälfte der Wahrheit. Womit wir wieder bei den Populisten wären, im Prinzip jedenfalls.

4.2 Anti-Pädagogik

In der Auseinandersetzung Flitners mit der antipädagogischen Bewegung sehen wir erneut eine Haltung, die von Geduld und Rationalität geprägt ist. Er bezieht zwar klar Stellung, indem er Simplifizierung und Beschimpfung der Erzieher*innen dort einordnet, wo wir die Populisten auch verorten: Überspitzung um des publizistischen Effektes willen.

Aber dann schreibt er:

> »Die Sache ist aber zu wichtig, als dass man die Diskussion deshalb verweigern dürfte, weil jemand mit gellender Tonart und unseriösen Argumenten darin zu dominieren sucht. Wir müssen also, um der Sache willen, diese Schriften ernster nehmen, als sie genommen sein möchten.« (Ebd., S. 47f)

Er weist zudem darauf hin, dass man sich mit der kollektiven Stimmung auseinandersetzen muss, die den Schriften Geltung verschafft.

Wir finden in den Schriften der Populisten ja durchaus Gedankengut der Schwarzen Pädagogik und der Antipädagogik, etwa den Traum von der Naturwüchsigkeit der Bildung jenseits gesellschaftlicher Institutionalisierung. In scharfer Kritik steht (wieder einmal) die Lehrperson, die aufgrund ihrer Rollenvorgaben nur auf der Seite der Disziplinierung und nicht auf der Seite des Kindes stehen kann. Die Fantasie eines partnerschaftlichen Verhältnisses zwischen den Generationen, befeuert durch die Vorstellungen der Antipsychiatrie, die zu Erziehenden/zu Therapierenden dürften nicht länger Objekt der Handlung sein, führt zur Vorstellung, es könne eine Auflösung des erzieherischen Machtverhältnisses geben. Die Parallelisierung des therapeutischen und pädagogischen Verhältnisses ist allerdings schon deswegen problematisch, weil ein hilfesuchender Mensch eine andere Einstellung mitbringt als zum Unterricht verpflichtete Schüler*innen. Gleichwohl kann daraus gelernt werden und das wurde es auch. Die Änderung der Vorstellung vom Objekt der Erziehung zum wachsend selbstbestimmten Subjekt hatte juristische Folgen. Eine bessere Rechtsabsicherung von Kindern und Jugendlichen wurde und wird sukzessive durchgesetzt.

Flitner stellt hier das Positive heraus, nicht ohne auf die überschießende Argumentation der Antipädagogen einzugehen. Wenn Kinder von vornherein die volle Souveränität erhalten – so deren Vorstellung –, seien sie ungeschützt vor den kommerziellen Einflüssen unserer Kultur. Er plädiert für eine Art »Schonzeit« (ebd., S. 56), in der ein von Verantwortung entlasteter Raum für Kinder und Jugendliche herrschen sollte.

Die logische Konsequenz der Forderung nach der Auflösung der erzieherischen Machtverhältnisse ist die Aufhebung der Schulpflicht, bei vielen Populisten ebenfalls Thema. Flitner weist hier auf die Problematik hin, dass allenfalls Kinder in privilegierten Lebensumständen davon profitieren würden. Eine Erwiderung, die bis heute gilt.

Zusätzlich zu dieser generell geduldigen, nach gedanklichen Ansätzen forschenden Haltung, geht Flitner noch einen großen Schritt weiter: Er macht einen Gegenentwurf in der Absicht, nicht eine weitere gelehrte Erziehungstheorie hinzuzufügen oder ein praktisches Erziehungsbuch, sondern auf dem »Wege des Nachdenkens und Sich Annäherns an den Gegenstand« (ebd., S. 79). Er nimmt Autoren hinzu, die meist nicht als Pädagogen geschrieben haben und will durch deren Sprache eine Anregung geben, »selbst wieder verständlicher über Erziehung zu sprechen« (ebd., S. 79).

Ein Erziehungswissenschaftler, der Fontane, Lenz, Wolf und Co. sprechen lässt, um sich dem Sujet sozusagen von einer anderen Seite zu nähern, weckt Leseinteresse. Zudem wird die Ankündigung, wieder verständlich über Pädagogik reden zu wollen, sicherlich dankbar von vielen aufgenommen, die es leid sind, entweder gescholten zu werden oder durch schwer verständliche Sprache signalisiert zu bekommen, dass sie zwar täglich pädagogisch handeln müssen, aber dennoch unfähig sind, auch nur einen komplexen Gedanken zu ihrem Tätigkeitsfeld zu Ende zu verfolgen.

Für die Systematik zieht Flitner Schleiermacher heran: »Lassen wir uns dabei von einem Denker weiterhelfen.« (Ebd., S. 81) Der Sprachduktus ist genuin pädagogisch, Leser*innen werden einbezogen, eingängige Bildsprache benutzt, um dann gedanklich davon abzuheben. Das ist allerbeste Didaktik, Klärung des Gegenstandes durch Reduktion auf das Wesentliche, dann Wiederauffüllen des Gegenstandes.

»Behütung«, »Gegenwirkung«, »Unterstützung« sind die Kategorien der Vereinfachung. Die erzieherisch Tätigen – vielleicht auch literarisch interessierten – Leser*innen sind hochzufrieden und treffen viele ihrer «alten Bekannten« (Begriffe und Autoren) wohl erklärt und eingeordnet wieder.

Flitner füllt im Folgenden die Begriffe mit Leben, indem er viele ebenso volksnahe wie einleuchtende Beispiele anführt. Dabei nimmt er seine Leser*innen »an die Hand« und zeigt immer wieder die Entscheidungsdichotomien des pädagogischen Handelns auf. Die scheinbar paradoxe Situation der Erziehung wird als ein Grundmuster deutlich. *Behüten* allein kann nicht gelingen und ist zur Vorbereitung auf spätere Lebenssituationen nicht sinnvoll, *allen Welteindrücken aussetzen* ebenfalls nicht. Die Erzieher*innen brauchen eine große Menge an Kenntnis zum Entwicklungsstand des jeweiligen Kindes und eine ordentliche Portion an Empathie, um zwischen den beiden Polen situativ angemessen handeln zu können. Dieses Abwägen zwischen den Gegensätzen spielt eine große Rolle in Bezug auf viele pädagogische Felder.

Dabei bezieht sich der Autor immer wieder auf literarische Darstellungen, um zum Beispiel das kleinstädtische Biedermeier Fontanes mit unserer Effizienz-Welt zu kontrastieren. Die Niederlagen beim Versuch, der kommerziellen und manipulativen Umgebung eine Welt entgegenzusetzten, die die Freiheit der Entscheidung wahrnehmbar macht, sind ungezählt – Sisyphos bei der Arbeit. Dabei sind die Darstellungen der Herausforderungen erstaunlich aktuell und teilweise durchaus amüsant zu lesen. Von der Suggestion des *Haben-Müssens* bis zur *akustischen Freiheitsberaubung*, von dem *Fetisch der Einschaltquote* bis zum *Thrill* und den *Drolligkeitssignalen* ist uns alles geläufig, manches technisch weiterentwickelt und damit verstärkt. All diesem den altmodischen Zugriff der *Behütung*[96] entgegenzusetzen, wirkt zunächst befremdlich, ist dann im zweiten Schritt als Gedankenfigur für die erzieherisch Tätigen sehr hilfreich. Den 3-Stufen-Schritt zwischen Behüten und Freigeben entwickelt Flitner behutsam und endet mit Korczak: »Die Verbindung nicht abreißen lassen.« (Ebd., S. 97)

Die Reflexionsebenen *Gegenwirken – Mitwirken* und *Unterstützen – Verstehen – Ermutigen* entwickelt er in ähnlicher Manier in einleuchtenden Argumentationssträngen, historischen Einordnungen und Beispielen. Dabei bleibt der Autor seiner Ankündigung treu, wieder einfacher über Erziehung schreiben zu wollen. Die Vorbehalte aus der Antipädagogik werden jeweils in die Argumentation mit einbezogen, so dass die Leser*innen in das Für und Wider eingebunden sind und im besten Falle die Haltung des Abwägens in die pädagogische Handlungssituation mitnehmen.

Wir wollen in dem von uns gewählten Zusammenhang nicht die gesamte Argumentation des Textes nachvollziehen (den Leser*innen sei's aber schwer empfohlen!). Flitner äußert sich am Rande auch zu Schule und zu dem schmalen Grat, der zur Beratungsliteratur existiert[97], markiert aber doch den deutlichen Kontrast zur Regel- und Rezeptliteratur so: Sein Text gibt den Rahmen und erläutert verschiedene Aspekte, die der erzieherisch Handelnde nicht vergessen sollte, wenn er sich die Bedingungen seines Handelns klarmacht. »Das Erzieherische ist immer persönlich und existentiell« (ebd., S. 142) und die Beziehung das wichtigste, »in das die besonderen Aufgaben der Erziehung eingelagert sind.« (Ebd., S. 142)

Wenn wir bei der schwarzen Pädagogik in gewisser Weise Nachhilfestunden zu den dunklen Aspekten der Entwicklung der Pädagogik bekommen haben, so ist die Erziehung der Neuzeit – ebenso Tochter der Aufklärung – von der Hoffnung auf Freiheit und Vernunft, auf liberale und demokratische Ordnungen geprägt. »Wir können uns nicht darüber täuschen, wieviel Reif auf diese Erwartungen gefallen ist« (ebd., S. 146), schreibt Flitner und wir nicken pflichtschuldigst. Ein Teil der bürgerlichen Tugenden steht vermutlich zur Disposition und Erziehungsversagen wie gegenüber Konrad (aus dem Struwwelpeter) als Demütigung, als Bestrafung und Misshandlung gibt es noch genauso wie das, woran Kaspar Hauser erinnert: Verlassenheit und Beziehungslosigkeit.

Der Text stellt den Versuch dar, all das nicht zu leugnen, aber Ansätze zu suchen, die erzieherisches Handeln reflexiv begleiten und dabei so populär vorgetragen sind, dass sie öffentliche Wirkung entfalten können. Er ist auch ein gutes Beispiel dafür, wie einseitige und vielleicht populistische Argumentation aufgebrochen und dann einem gesellschaftlichen Diskurs zugeführt werden kann.

5 Pädagogischer Populismus als Hemmfaktor von Schulentwicklung

Michael Wildt

5.1 Pädagogischer Populismus – Störfaktor für die innere Qualitätsentwicklung von Schulen

Wenn sich Populisten mit ihrer Kritik und ihren Veränderungsrezepten dramatisch in Szene setzen, haben sie eines gewiss nicht im Sinn: Qualitätsentwicklung von Schule auszubremsen. Das tun sie aber – ohne es zu wollen. Hier erkläre ich, unter welchen Bedingungen Schulentwicklung funktioniert und warum populistische Schulkritik (berechtigt oder nicht) störend auf diesen Prozess einwirkt. Meine weiteren Anregungen entwickele ich aus der Perspektive eines systemisch arbeitenden Schulentwicklungsberaters mit praktischen Erfahrungen in vielen deutschen Schulentwicklungsprojekten. Ich entwerfe Zugänge für die politischen Ebenen (Europa, Bund, Land, Kommunen) sowie für Schulaufsichten bzw. Schulträger, auf die Qualität der Arbeit von Schulen Einfluss zu nehmen.

5.1.1 Von den Eigenarten der Erzeugung des Produkts ›Bildung‹ durch Schulen

Grundsätzlich zunächst: Eine Schule ist ein gesellschaftlich bestimmter Typ ökonomischer Unternehmen. Sie hat den spezifischen Auftrag, den Bildungsprozessen eine raumzeitliche Rahmung zu bieten. Erwartet wird hierbei Effizienz und Wirksamkeit der schulischen Bildung. Einerseits bilden Schulen einen strukturellen Rahmen, innerhalb dessen Menschen lernend in Interaktion treten. Andererseits stiftet sie motivationale Reize für die Schüler*innen, ihre Lernaktivitäten so zu gestalten, dass am Ende *gebildete Subjekte* herauskommen.

Im Gegensatz zu vielen Unternehmen zeigt sich der Erfolg bei der ›Produktion‹ von Bildung erst mit jahrzehntelanger Zeitverzögerung. Erst in zwanzig Jahren erreichen die Schüler*innen, die heute die Schule besuchen, in der Gesellschaft verantwortliche Positionen, in denen sich zeigt, was sie können. Dann erst ist erkennbar, ob sie die Kompetenzen, an denen sich das heutige schulische Lernen ausrichtet, tatsächlich erreichen und die heutigen Kompetenzziele passend waren – oder sie heute nicht ganz andere Dinge für das Morgen hätten lernen sollen.

5.1.2 Eine Entgegnung auf Winterhoffs Thesen

Winterhoff wertet (vgl. Kapitel 1) mit entwaffnender Offenheit das Schulsystem ›bis 1990‹ als »im Wesentlichen funktionierend«. Ihm habe seine Schule noch die notwendigen Kompetenzen zum Erreichen eines geachteten Berufs und einer verantwortlichen Position in der Gesellschaft mitgegeben, im Gegensatz zur heutigen schulischen Bildung. Als individuelles Urteil ist das zwar nachvollziehbar, jedoch in generalisierter Form empirisch-wissenschaftlich nicht tragbar und somit nicht valide. War der Matheunterricht an seiner Schule vielleicht doch nicht so gut?

Das Erleben, das Winterhoff so plastisch macht, betrifft wohl nahezu jeden Erwachsenen, der sich nicht professionell mit Schulgestaltung beschäftigt hat. Alle sind durch ›ihre‹ Schulzeit gegangen, die sie in Kindheit und Jugend geprägt hat. Wenn man nun selbst Kinder hat und diese durch die Schule von heute schleust, erlebt man die Differenzen als ungewohnt. Es ist richtig und wichtig, dass die erlebten Differenzen artikuliert und in die öffentliche Diskussion eingebracht werden. Ich freue mich immer, wenn das passiert. Denn es wird deutlich: Schule hat sich verändert! Sie ist nicht starr oder tot. Im Inneren pulsiert Leben, fließt die Kraft der Veränderung, der Anpassung an die jeweilige Gegenwart – manchmal sogar der Versuch der Anpassung an die zu erwartende Zukunft in zwanzig Jahren.

Daher wäre es falsch, Populisten wie Herrn Winterhoff das Wort zu verbieten. Das sind doch schöne Dramen, die diese Personen inszenieren. Jede Auseinandersetzung mit Schule in der Öffentlichkeit ist wichtig. Gerne als Drama, als Romanze, als Liebesfilm oder als realsatirischer Podcast. (Das gilt nicht nur für die blumigen Fantasien des schon diplomierten Zöglings Pfeiffer, von Rühmann gespielt, in der ›Feuerzangenbowle‹). Das gilt ebenfalls für Prechts lesenswertes Buch »Anna, die Schule und der liebe Gott«.

Die Schule teilt diese Art von Problemen mit allen Unternehmen, die mit großen Zeithorizonten arbeiten. Ein schönes Vergleichsbeispiel bietet die Deutsche Bahn: Dort entwerfen herangereifte Expert*innen von heute, die ihre fachliche Sozialisation vor Jahrzenten erworben haben – vielleicht haben sie als Kind noch aus dem offenen Fenster des ersten Waggons hinter einer fauchenden Dampflok geschaut und dabei die Liebe zur Eisenbahn entdeckt – die Infrastruktur für den öffentlichen Verkehr im Zeitalter der Klimaneutralität. Korrespondierend dazu prägen die Schulen von heute die Handlungsdispositionen der künftigen Nutzer*innen des dereinst existierenden Mobilitätsangebots. Je mehr man davon weiß, desto schwieriger ist es, in der Fülle aller Wissenselemente den Überblick zu behalten, Wichtiges von Unwichtigem zu unterscheiden, um gelassen handlungsfähig zu bleiben. Wie schwierig es ist, sich in unsicheren Situationen zu bewegen und dort verantwortlich zu agieren, erleben wir ja gerade in der Pandemie. Da dauert es gerade mal zwei Wochen, bis sich die Wirksamkeit von Entscheidungen zeigt, so dass man versuchen kann, Ursache und Wirkung in Bezug zueinander zu setzen. Im Bildungsbereich umfasst eine derartige ›empirische Periode‹ zwanzig Jahre.

5.1.3 Von den Schwierigkeiten, zu einer veränderten Praxis der Schule zu kommen

Es gibt wohl nur wenige Lehrkräfte in unserem Land, die sich nicht immer wieder die Frage stellen: *Erreichen wir die Ziele, die wir erreichen wollen? Lernen bei uns die Schüler*innen das, was sie lernen müssen, um in ihrem individuellen Leben, aber auch in ihrer künftigen Position in der Gesellschaft mit Zuversicht handlungsfähig zu sein? Ist unsere Praxis, mit der wir arbeiten, (noch) angemessen im Bezug darauf, was die Schule von heute eigentlich leisten müsste?* Aber auch: *Wo sind die Grenzen dessen, was eine Schule erwartbar leisten kann – mit der derzeitigen Ausprägung der raum – zeitlichen Rahmung für Bildungsprozesse?* Und daran anschließend stellt sich dann auch in allen Kollegien die Frage: *Sollte die derzeitige Ausprägung der raum–zeitlichen Rahmung der Bildungsprozesse weiterhin so bleiben, wie bisher? Oder macht es Sinn, dass wir gemeinsam lernen und uns in dieser Hinsicht in anderer Weise aufstellen?*

Qualitätsentwicklung an Schulen bedeutet nichts anderes als die Veränderung der Handlungsmuster, denen die Beteiligten im System bei der gemeinsamen Arbeit folgen. Veränderung heißt Umlernen. Das ist mit Mühe verbunden. Menschen machen das dann und nur dann, wenn sie den Sinn der Sache einsehen. Lehrkräfte werden, sowohl individuell als auch in der Rahmung ihrer jeweiligen systemischen Struktur, ihr Verhalten ändern, wenn ihr Wissen, ihre Haltung und ihre Fähigkeiten sich gleichsinnig und aufeinander bezogen wandeln können.

Unsere Lehrer*innen sind in der Regel gut und qualifiziert ausgebildet. Im Rahmen ihrer berufsspezifischen Sozialisation haben sie viele relevante Theorien und Gedanken von Schule und Lernen kennengelernt, von der Pädagogik über Soziologie und Psychologie bis zur Erziehungsphilosophie. Sie haben auch das Handwerkszeug erworben, sich noch unbekannte Theoriefelder auf der Wissensebene zu erschließen. Sie sind also generell gut aufgestellt, in ihrem Beruf zu arbeiten.

Die Lehrertätigkeit ist aber ein Beruf, bei dem man situativ handeln muss. Jede Lehrperson ist mit der ständigen Herausforderung konfrontiert, eine Ist-Situation vor dem Hintergrund des eigenen Wissens und Könnens daraufhin zu beurteilen, wie sie situativ angemessen handeln sollte. Der Begriff ›*Praxis*‹ verweist auf die Notwendigkeit, Analyse und Wissen verantwortlich in Handlung zu überführen. Im turbulenten Schulalltag, in der dortigen sozialen Vielfalt, ist selten die Zeit, vor dem Handeln gründlich nachzudenken. Entsprechend hoch ist das Risiko, sich falsch zu entscheiden.

Der ›Klassiker‹ ist die gerade von Populisten in der Pädagogik hochgespielte

Frage, wie viel Bindung und wie viel Freiheit für erfolgreiches Lernen notwendig ist. Aristoteles lehrt, dass bei Gegensatzpaaren die Mitte die bestmögliche Position darstellt.

Das ist sicherlich eine sehr nützliche Lehre. Folgen wir ihr, so haben wir zunächst die Extreme in den Blick zu nehmen. Der Pol ›*absoluter Dirigismus*‹ besagt, dass Lernende Schritt für Schritt von der Lehrkraft jede einzelne Lernhandlung vorgeschrieben bekommen. ›*Absolute Freiheit*‹ besagt, dass die Lehrperson den Lernenden gar keine Vorgaben macht. Es mag Situationen geben, in denen Unterrichtung gemäß der Extrempositionen angemessen ist. Aber das Ziel des ›Kompetent-Werdens‹ wird weder durch das eine noch das andere Extremum erreicht. Kompetentes Handeln ist nicht-zufälliges, regelbasiertes Handeln. Allerdings ist es selbstgesteuert, zumindest in der Form, dass derjenige, der kompetent handelt, sich die zu befolgenden Regeln selbst vorgibt.

So ist nach Aristoteles die zu wählende Mitte nicht rechnerisch bestimmbar. Sie ist auch nicht aus der Sinnsicht des Erziehenden her festzulegen. Wo ist die ›gute Mitte‹ zwischen Dirigismus und Laissez-Faire-Freiheit für das zu erziehende Subjekt? Es gibt kaum eine Lehrerfortbildung zur Qualitätsentwicklung des Unterrichts, die nicht auf diese Frage stößt.

Lehrkräfte sagen dann oft: »Das haben wir auch schon vorher gewusst. Wir wissen sogar, dass Aristoteles wusste, dass ein Erzieher nicht unmittelbar wissen kann, welche Ausprägung für den Zögling die beste ist. Er darf das also durch ›Versuch und Irrtum‹ herausfinden. Was Sie, Herr Wildt, uns hier erzählen, ist also alter Wein in neuen Schläuchen!« »Nein«, sage ich dann, »das ist sogar alter Wein in alten Schläuchen. Die Frage ist, wie Sie gemeinsam an Ihrer Schule herausfinden, welcher Freiheitsgrad für welches Kind unter welchen Umständen am besten ist. Wie machen Sie das? Wie sieht Ihre Praxis aus?«

Dann fangen, wenn es gut läuft, die Kolleg*innen an, sich darüber auszutauschen, wie sie das Problem der Passung des Freiheitsgrades beim Lernen mit ihren Schüler*innen zu lösen versuchen. Plötzlich zeigt sich, dass Lehrkräfte in derselben Klasse bei einzelnen Kindern ganz unterschiedliche Strategien praktizieren. Dabei wird deutlich, dass ›Problemkind‹ Anna im Matheunterricht viel Freiheit und im Englischunterricht wenig Freiheit bei der Gestaltung ihres individuellen Lernwegs erfährt. Diese Ambivalenz könnte für ein Kind, das vom kognitiven selbstreflektorischen Vermögen her noch nicht so weit entwickelt ist und vielleicht noch wenig Zuversicht in seine Lernerfolge ausgeprägt hat, der eigentliche Auslöser für die ›Problemhaftigkeit‹ sein.

Was tun? Alle Lehrpersonen, die Anna aus dem Unterricht kennen, machen einen Vorschlag, welche Dosierung von Anleitung für Anna wohl am besten ist. Dann fällt es dem Teilnehmerkreis in aller Regel nicht mehr schwer, sich auf ein einheitliches Vorgehen zu verständigen. Sofern den Worten Taten folgen, kommen die Lehrpersonen zu einer verbesserten Schulpraxis. Und für Anna verbessert sich die Schulqualität.[98]

»Auch das wussten wir eigentlich längst – man sollte sich absprechen«, kommentiert ein Mitglied der Gruppe auf meine Frage, wo wir jetzt stehen. »Ja, durch unsere gemeinsame Arbeit ist aus dem Wissen ein Plan erwachsen. Noch ist er nicht umgesetzt. Vielleicht sollen wir nun klären, was wir ändern können, damit so was öfters passiert.« Genau!

Anders als in Aristoteles Welt sind wir Lehrpersonen Erzieher für *Gruppen* von Menschen. Das Modell, dass sich mehrere Lehrkräfte, die mit einem Kind arbeiten, ständig hinsichtlich des passenden Maßes zwischen Gebundenheit und Freiheit beim Lernen miteinander absprechen, passt für besondere Förderfälle, aber nicht für die alltägliche Pädagogik.

Für die reguläre Praxis der heterogenitätsgerechten Schule braucht es eine andere pädagogische Linie: Der Großteil der Kinder trifft die Entscheidung selbst, wie viel Freiheit und wie viel Bindung er beim Lernen benötigt. Um selbst entscheiden zu können, brauchen sie spezifische Informationen über Lernangebot und Ziele des Lernens. In der traditionellen Schule gehört die Anreicherung der raum-zeitlichen Rahmung des Lernprozesses mit diesen den Lernprozess betreffenden Daten noch nicht zum üblichen ›Leistungsangebot‹. Das aber lässt sich ändern, wenn sich die Lehrkräfte darauf verständigen: In Zukunft wird es – im Rahmen der Vorbereitung zu leistenden Arbeiten – zum Standard im Unterricht, dass der Organisationsrahmen, den die Kinder für die Selbststeuerung beim Lernen benötigen, schriftlich vorliegt – so artikuliert, dass auch die Kinder die Informationen sinnerschließend aufnehmen können.

Mit dieser Erkenntnis gelangt die Gruppe der Kolleg*innen der Schule unvermittelt an eine zentrale Herausforderung der Qualitätsentwicklung von Schule! Wenn Lernende in einer Lerngruppe individuelle Lernwege beschreiten dürfen, so bedarf es als ›Gegengewicht‹ zentrierender Elemente, die die Gemeinschaft der Lernenden erhält. Folgt man einem konstruktivistischen Lernverständnis, so sind dafür bestimmte Elemente im Unterricht notwendig: Es muss Zieltransparenz und Prozesstransparenz in einer Form herrschen, dass sich Lernende, ihrem kognitiven Entwicklungsstand entsprechend, selbstständig bewegen können, sie dabei aber nicht ihre Lernpartner aus den Augen verlieren.

Kann Schule so etwas anbieten? Ja, das kann sie – wenn die Lehrkräfte der Schule lernen, ihr Unterrichtshandwerk an dieser Zielperspektive auszurichten. Qualitätsentwicklung von Schule erfordert also Lernen von Lehrkräften im Hinblick auf die Lehrerkompetenzen. Sie verlangt Selbstveränderung in kollegialer Kooperation, denn es reicht nicht, wenn es allein um Kinder und Jugendliche geht.

Die Latte der Herausforderung liegt sogar noch höher: Lehrkräfte einer Schule sollten ihren Modus der Erzeugung von Ziel – und Prozesstransparenz so aufeinander abstimmen, dass die Lernenden ein übereinstimmendes Muster in den von den Beteiligten erarbeiteten Lernangeboten erkennen. Die gemeinsamen Muster des selbstgesteuerten Lernens sind erst dann klar genug herausgearbeitet, wenn das kognitiv schwächste Mitglied einer heterogenen Lerngruppe das Muster des Handelns, dem es bei seiner Selbststeuerung beim Lernen folgen kann oder sollte, glasklar erkennen kann.

Das Beispiel zeigt, was ›Qualitätsentwicklung von Schule‹ bedeutet: Lehrer*innen lernen, in wechselweiser Kooperation und aufeinander bezogen, ihr Lehrer*innen-Handeln zu verändern. Die Zielperspektive des Lernens ist die Verbesserung der Chancen der Lernenden, die Kompetenzen zu entwickeln, die diese heute und im späteren Leben dringend brauchen werden. Das pädagogische Kerngeschäft ist die Stiftung von – im Idealfall optimalen – entwicklungsfördernden Rahmenbedingungen für Edukanden. Die Lehrer*innen einer Schule sind in diesem Sinne stets selbst Lernende und benötigen folglich lernfördernde Rahmenbedingungen.

5.1.4 Von der Herausforderung, Lehrkräfte zur Weiterentwicklung ihres Unterrichts zu motivieren

Also: Es geht doch! Wie alle Lernenden wollen Lehrer*innen sich bei ihrer Arbeit als selbstwirksam erleben. Warum tun sie es nicht einfach: *Absprechen, woran sie erkennen, ob sie ihren Job erfolgreich machen? Ihre guten Ideen und erfolgreichen Pläne austauschen? Voneinander lernen? Bei der Gestaltung des Lernangebots arbeitsteilig und damit zeitsparend arbeiten? Ihre Schüler*innen selbstgesteuert arbeiten lassen? Dabei mit Freude zusehen, gelegentlich eine Anregung geben oder, wenn die Lernenden das anfordern, ein kritisches Feedback?*

Stimmt es, dass sie das nicht tun? Viele Lehrer*innen arbeiten gern an ihrer Schule. Sie schätzen die Kollegialität. Sie gehen mit Selbstbewusstsein an ihren Arbeitsplatz und lieben ihren Beruf. Sie sind am Wohlergehen ihrer Schule sehr interessiert. Sie sind willig, sich für – ihnen sinnvoll erscheinende – Neuerungen zu engagieren. Unwahr ist die Behauptung, dass allgemein keine Schulentwicklung stattfindet. Schule ist in vielerlei Hinsicht heute anders als vor 20 Jahren. In 20 Jahren wird sie wiederum deutlich anders aussehen als jetzt. Nun, es mag Fälle geben, wo keine Entwicklung stattgefunden hat – Populisten skandalisieren ja gerne mit schlechten Beispielen.

Doch woran machen Lehrkräfte ihre Einschätzung fest, dass sie und ihre Schule gute Arbeit leisten? Ich stelle als Berater für die Entwicklung von Unterrichtsqualität häufig fest: Ihr Erfolgskriterium für ›gute Schule‹ ist nur selten, dass die Lernenden von heute in ihrer Schullaufbahn die Fähigkeiten und Fertigkeiten entwickeln, in der Welt erfolgreich zu bestehen und die künftige Welt nachhaltig zu gestalten. Die Herausbildung zukunftssicherer personaler Kompetenzen – das ›Kompetent-Werden‹ im eigentlichen Sinne des Wortes als Entwicklung von Fähigkeiten und Bereitschaft zur Lösung der sich stellenden Probleme in der Welt – leistet Schule von heute eher nicht. Der Kompetenzbegriff der Kognitionspsychologie und der Bildungsauftrag der Pädagogik dienen vielmehr als Umschreibung von ›Lernzielen‹ und werden nach wie vor überwiegend auf »überprüfbares Wissen« reduziert.

Schulen messen, wie jedes Unternehmen, am ehesten ihre Qualität daran, ob ihr Produkt am Markt gut ankommt – so meine Erfahrung. Die Selbstbeurteilung einer Schule ist die Antwort auf die Frage, ob die Schule vor Ort rege nachgefragt wird. Beurteilungsmaßstab ist, ob ihr die Erziehungsberechtigten ihre Kinder im vom Schulentwicklungsplan der Stadt oder Gemeinde vorgesehenen Maße anvertrauen.

Ein Wirtschaftsunternehmen ›läuft gut‹, wenn die vom Unternehmen auf den Markt gebrachten Waren von der Kundschaft gekauft werden. Eine Schule ›läuft gut‹, wenn die Eltern ihre Kinder dort zahlreich anmelden. Melden mehr Eltern ihre Kinder an, als die Schule aufnehmen kann, arbeitet sie ›erfolgreich‹. Mangelt es der Schule an Schüler-Nachwuchs, so hat sie ein Problem. Die potenziellen ›Neukunden‹ geben einer Schule die wesentliche Rückmeldung. Bedeutsam ist hierbei, was Eltern, die früher ihre Kinder geschickt haben, in den sozialen Netzen verbreiten. Es gibt also eine durchaus hochwirksame Feedbackstruktur für Schulqualität in der lokalen Bildungslandschaft.

Die einzelne Schule und die dort tätigen Lehrpersonen erreicht in der Regel viel mehr positive Rückmeldung als es der öffentlichen Wahrnehmung entspricht. Im pädagogischen Alltagesgeschehen kommt es zu personaler Nähe zwischen Lernenden, Lehrpersonen und Eltern. Bei Befragungen, die einzelne Schulen im Hinblick auf die Zufriedenheit ihrer Klientel durchführen, sind die Befunde oft von überwiegender Zustimmung getragen. Sicher gibt es Konflikte; aber die Beteiligten erleben – heute viel mehr als früher – dass die Vertreter*innen der Schule sich große Mühe geben, solche Konflikte sozialverträglich zu lösen. Viele Eltern sind davon überzeugt, dass die Lehrkräfte einen verantwortlichen, herausfordernden und engagierten Job machen.

Das ist eine bedeutsame Feststellung aus der Perspektive der Systemtheorie: Systeme reproduzieren sich selbst und streben danach, sich selbst zu erhalten. Wenn ein System aufhört, bei seiner systemischen Selbsterzeugung auf die Botschaften seiner *Systemumgebung* zu hören, so ist die Gefahr groß, dass es den Bezug verliert und abstirbt. Das wissen auch Schulen. Daher entwickelt jede halbwegs vernünftig aufgestellte Schule eine hohe Sensibilität für die sie betreffenden Sinnsichten ihrer Umgebung. Die Fähigkeit, in das Umfeld zu lauschen, die von dort kommenden Signale aufzugreifen, über das Feedback nachzudenken, ist von großer Bedeutung für das Wohlergehen einer Schule. Daher haben Schulen in dieser Hinsicht ihre Lauscher weit geöffnet und bilden sich aus dem, was sie hören, ihre eigene Meinung über die Qualität ihrer Arbeit. Die dabei entstehende Selbstbeurteilung ist entscheidend für potenzielle Schritte der Selbstentwicklung.

Die konstruktivistisch ausgelegte Lerntheorie bezeichnet den Prozess der regelmäßigen Herstellung zwischen Passung von System und Umfeld als Adaptation. Adaptation ist eine Doppelfunktion, die ausgelöst wird, wenn das System ein Problem identifiziert, das seine Identität gefährden könnte. Dann reagiert es einerseits mit einer besseren Anpassung seines Handelns an seine Umgebung, um die Bedrohung zu verringern. Andererseits reagiert es aber auch mit einer Einflussnahme auf die Umgebung, so dass diese das Handeln des Systems als wertvoll erfasst, um die Bedrohung zu verringern.

Qualifizierte Systeme sind in dieser Hinsicht ständig aktiv. Wirtschaftsunternehmen mit einer auf langfristige Existenz hin ausgelegten ökonomischen Struktur untersuchen heute die potenziellen Bedürfnisse der Kundschaft in 20 Jahren. Die Bestimmung des gegenwärtigen Agierens am Markt in Orientierung an einer guten Vision einer erfreulichen Zukunft ist das Erfolgsgeheimnis. Erfolgreiche Adaptation bedeutet: Im Vertrauen auf die bisherigen Stärken (Basis ist also die Wertschätzung der Erfolge der Vergangenheit) das gegenwärtige Handeln so auszulegen, dass sowohl die Gegenwart gelingt als auch die künftigen Herausforderungen perspektivisch zu bewältigen erscheinen. Schulen machen das – mehr oder weniger erfolgreich. Schlau ist, wenn sie diesen Prozess bewusst und gezielt durch innerschulische Entwicklungsvorhaben gestalten.

Feedback von außen ist das Elixier solcher Entwicklungsvorhaben. Die eigenen inneren Arbeitsverfahren sind den Beteiligten hinlänglich bekannt. Relevant für zukunftsorientierte Entwicklung sind die ›Störungen‹ des Regelbetriebs. Auch wenn harmoniesüchtige Lehrpersonen es nicht gerne wahrhaben wollen: Eine ›deutliche Änderungsanregung‹ von außen erzeugt mehr innere Aufregung im System als 100 Bestätigungen, dass ›alles gut‹ läuft. Rechtfertigt diese Erkenntnis nicht das polternde Auftreten der pädagogischen Populisten? Es muss doch mal jemand das Megafon in die Hand nehmen und den Betrieb ein bisschen aufmischen, oder?

In der Tat gilt das bekannte Postulat der themenzentrierten Interaktion: Störungen haben Vorrang![99] Doch gibt es für Schulen, die sich entwickeln sollen und wollen, verschiedene Arten von Störungen. Aus der Vielfalt des ›störenden Grundrauschens‹ müssen Schulen diejenigen herausgreifen, deren ernsthafte Beachtung für die Selbstentwicklung wichtig sind. Ob ein Impuls von außen als fruchtbare Herausforderung oder als Abwehrtatbestand zu gelten hat, entscheiden die Systeme selbst. Wer von außen kommt, ist relativ machtlos. Wer von außen glaubt, einem großen System wie einer Schule Veränderungen zu entlocken, ohne die Zustimmung der Systemmitglieder durch echte Überzeugungsarbeit zu gewinnen, der beißt sich die Zähne aus und erreicht nur zu oft das Gegenteil von dem, was er erreichen will.

Ich stelle nicht in Abrede, dass Machtfragen in diesem Zusammenhang eine Rolle spielen. Macht haben alle Instanzen, die die gedeihliche Existenz des Systems ernsthaft gefährden können. Diejenigen, die tatsächlich ›Macht‹ in diesem Sinne haben, muss man ernst nehmen bei dem, was man von dort hört.

Mächtig in einer Schule sind also in erster Linie die Eltern im Schuleinzugsbezirk. Wenn sich diese in größerer Anzahl gegen die Schule entscheiden, so bricht für die Schule die Existenzgrundlage weg. So erklärt sich, dass Elternvertreter*innen in der Schulmitwirkung in gut aufgestellten Schulen einen großen Einfluss haben. Sie haben die Funktion, das Feedback aus dem Schulumfeld zum dort wahrgenommenen Gelingen der schulischen Arbeit zu sammeln und koordiniert in die Beratungen der Schule einzuspeisen. Sie können davon ausgehen, dass ihre Arbeit des Feedback-Kanalisierens von den Kolleg*innen ernst genommen wird – insbesondere, wenn die dabei praktizierten Muster der Kommunikation in allgemein akzeptierter Form erfolgen. Auch wenn, wie ausgeführt, von vielen Eltern eine große Akzeptanz kommt, sind auch einzelne kritische Stimmen aus der Elternschaft für Schulen wirkmächtig.

Relativ mächtig ist auch der Schulträger. Er sichert die materielle Basis der schulischen Arbeit. Er ist nicht unabhängig, sondern agiert im Sinne der Eigentümer der Schule. In Schulen in öffentlicher Trägerschaft spiegelt sich hier die Bewertung der Bildungsleistung der Schule, sowohl durch die Elternschaft (denen der individuelle Erfolg der Lernenden am Herzen liegt) als auch durch alle gesellschaftlichen Einrichtungen (die davon abhängig sind, dass die Schüler*innen die gewünschten Kompetenzen tatsächlich erwerben). Bei Schulen in nichtöffentlicher Trägerschaft spiegelt sich über den Schulträger die Bewertung der Bildungsqualität der Schule im Sinne der jeweiligen Position der Träger-Einrichtung wider.

Weniger mächtig ist die Schulaufsicht. Sie sorgt für die Personalausstattung des Systems und achtet darauf, dass die Schule bzw. die Lehrkräfte leisten, was sie sollen. Aber trotz der hierarchisch organisierten Vorgesetztenstruktur hat die Schulaufsicht nur geringe Möglichkeiten, in den Betrieb der einzelnen Schule hineinzuregieren. Sie mag Vorschriften erlassen, Reglungen verbindlich machen, Weisungen erteilen. Doch im jeweiligen Einzelsystem der Schule verfügen die Beteiligten über wirksame Mechanismen, die Schulaufsicht mit deren Initiativen abblitzen zu lassen.

Aus Sicht der Systemtheorie verwundert die relative Machtlosigkeit der Schulaufsicht nicht. Der Regelfall ist, dass die Aufsicht nicht von oben guckt (wie der Name es sagt) und Feedback gibt, was sie aus ihrer ›höheren Warte‹ wahrnimmt. Eher ist es so, dass sie versucht durch Weisungen zu steuern.[100] Das Geben von Weisungen negiert die Autonomie des Systems. Wer versucht, verständige Menschen durch nicht überzeugend mit Sinn hinterlegten Weisungen zu Handlungen zu zwingen, produziert vor allem Widerstand. Der sich in Weisungen ausdrückende fehlende Respekt vor der systemischen Autonomie erhöht defizitorientierte Sichtweisen und schwächt Veränderungsmotivation. Als Berater von Schulen erlebe ich nur selten, dass Interventionen der Schulaufsicht in Schulen lebendige Veränderungsbereitschaft wecken.

Zumindest akzeptieren Lehrer*innen in ihrer beruflichen Tätigkeit, dass die Schulaufsicht sich in Schulen einmischt. Es ist ihre Aufgabe, die Selbstsicherheit des Systems zu stören und auf Veränderungen zu drängen. Leider machen Lehrkräfte aber die Erfahrung, dass die Aufsicht die Kolleg*innen hierbei nicht als Lernende versteht und begleitet, die Zeit brauchen, neue Herausforderungen zu stemmen. Beispielsweise ist es ein umfänglicher Prozess, das Selektionsprinzip als Antwort auf Heterogenität von Lerngruppen durch das Prinzip des wertschätzenden Umgangs mit Verschiedenheit (inklusives Lernen) zu ersetzen. Was Lehrkräfte mit denen ihnen anvertrauten Lernenden machen sollen – beharrlich und konsequent individuelles Lernen zu gestalten – verweigert häufig die Schulaufsicht den ihr anvertrauten Lehrer*innen. Lehrkräfte sollen ›funktionieren‹ – dass sie Räume und Zeiten brauchen, das erst einmal individuell und kooperativ zu lernen, ist bei den Entscheidungsträgern der Schulaufsicht noch nicht ›Stand der Technik‹.

5.2 Von der zerstörerischen Wirkung populistischen Auftrumpfens

Nachrangig ist dagegen, was die Öffentlichkeit über Schule sagt und denkt. Bildungsforscher publizieren sauber hergeleitete Korrelationen zwischen Lernbedingungen und Lernwirksamkeit; Wissenschaftler*innen konstruieren schlüssige Zusammenhänge zwischen lernpsychologischen Erkenntnissen, soziologischen Phänomenen und Schulabschlüssen; Politik-Treibende fordern größere Anstrengungen der im Schulwesen Aktiven zur Lösung vielfältiger Probleme, wie unzureichender Rechtschreibfähigkeit, ungesunder Ernährung, klimaschädlicher Konsummuster und mangelnder soziale Verantwortung beim Tragen von Masken in Zeiten der Pandemie. So what?

Unsere Lehrer*innen sitzen in der Pause im Lehrerzimmer und unterhalten sich darüber, als beträfen sie diese Überlegungen nur am Rande. Eine gewisse Berechtigung sprechen sie den auf sie einstürzenden Herausforderungen zwar nicht ab. Aber sie haben keine Idee, wie sich ihre Schule in Richtung auf die Lösung der Probleme umgestalten lässt. »*Sollen wir diese Probleme auch noch stemmen?*«, wird gefragt. Immer mehr tun? Das ist doch nicht die Perspektive, wenn man sich schon unter Realbedingungen am Limit und ansonsten sich den jungen Menschen im eigenen Schulhaus verpflichtet fühlt.

Die Tiraden der Populisten bringen das Fass zum Überlaufen. Äußerungen fallen wie »Herr Precht zeigt uns jetzt mal, wie wir unseren Job besser machen sollen« oder »Herr Spitzer fliegt ein und erklärt in 90 Minuten, wie Lernen so gestaltet werden muss, damit die Kinder kompetenter werden als bisher.« Das nervt die Praktiker ohne Ende. So einfach geht es nicht! Das weiß jede Kollegin und jeder Kollege. Der Weg zu einer veränderten Zukunft muss an der wahrgenommenen und gefühlten Realität der derzeitigen Schule ansetzen, hier vor Ort, mit den hier lebenden Menschen und den hier verfügbaren Ressourcen.

Das klingt nach Abwehr und wie ein Versuch, jede Veränderungsherausforderung im Keim zu ersticken. Aber diese Interpretation ist falsch: Hier zeigt sich die fehlende Sicht der Lehrkräfte auf einen gangbaren Weg, wie sie aus ihrer aktuellen Realität zu einer visionär als gut geltenden Zukunft finden können. In so einer Situation ist es naheliegend, visionäre Veränderungen gar nicht zur Kenntnis zu nehmen – denn das Einzige, was passieren würde, wäre die Vergrößerung des Leidens der Lehrer*innen. Leiden ist aber keine gute Grunddisposition für das Lehrerhandwerk. Lehrkräfte benötigen Zuversicht, um ihre Schüler*innen inspirieren zu können.

Best-Praxis-Beispiele sind in dieser Situation Gift für Kollegien normaler Schulen. Denn sie zeigen veränderte Schulwirklichkeit, nicht aber den Weg, der von einer Hier-und-Jetzt-Schule zu einer veränderten, besseren Schule führt. Die Ursache-Wirkungs-Struktur des Änderungsprozesses bleibt unsichtbar. Es ist nicht zu erkennen, wer welche ersten Schritte in welche Richtung getan hat, so dass am Ende das präsentierte Traummodell ans Laufen kommt. Echte Praxisbeispiele beweisen nur, dass Schule anders laufen kann als bisher. Konzepte für Alternativschulen zeigen noch nicht einmal das, sondern entwerfen die Alternative nur gedanklich. Sie widerlegen zwar die These, ›es gehe nicht‹, aber entfachen keine Lernaktivitäten bei denen, die aktiv werden müssen, damit Alternativen Wirklichkeit werden.

Die Populisten erzielen exakt die Wirkung, die Lehrkräfte auslösen, die in heterogenen Lerngruppen unpassenden Unterricht machen. Wenn der Mathelehrer an der Tafel die Aufgabe vorrechnet und mit süffisantem Lächeln erklärt, das sei doch gar nicht so schwer, so stößt er die Lernenden vor den Kopf, für die die Lösung der Aufgabe aber schwer, wenn nicht sogar unterreichbar erscheint. Und wenn dann noch zwei oder drei Schüler*innen den Lehrenden beipflichten und sagen: »*Stimmt, ist wirklich ganz einfach*“, so verhärtet sich die Misserfolgsorientierung bei einem beträchtlichen Teil der Mitlernenden. Passiert das öfter, so wird das »Ich-Kann-Das-Nicht-Feeling« in dieser Teilgruppe chronisch. Die Lernbereitschaft sinkt immer mehr ab, anstatt wie gewünscht zu wachsen.

Einer der basalen Grundsätze der systemischen Pädagogik ist, Lernenden mit großer Achtsamkeit im Hinblick auf alle Aspekte zu begegnen, an denen sie bisher Erfolge erzielt haben. Das Können von heute ist, in Verbindung mit aktivem Lernen, das Potential für das Können von Morgen. Das Axiom der in diesem Sinne pädagogisch Handelnden lautet: Das aktuelle Können des Subjekts ist stets der individuell nach bestem Wissen und Gewissen erreichte, aus eigener Sinnsicht bestmöglich sinnvolle Zustand. Das aktuelle Können ist das Ergebnis vergangener Lernprozesse auf der Basis früherer Lernbedingungen. Das ist der Schatz, mit dem das Subjekt heute weitermachen kann. Auf dieser Grundlage erscheint es bei einer Neubewertung der Situation heute vielleicht sinnvoll, gewisse Dinge in Zukunft anders zu machen als bisher. Das entwertet das aktuelle Können nicht, sondern achtet die schon erbrachte Entwicklungsarbeit.

Populisten treten diesen Grundsatz mit den Füßen. Je weniger sie vom alltäglichen Handeln von Lehrer*innen unter den schulischen Bedingungen von heute wissen, desto normativer treten sie auf.

Kommt jemand in die Schule, der aus ihrer Sicht berechtigt ist, ihre Arbeit zu kritisieren, so sind Lehrkräfte in der Regel geduldig und lassen sich auf diskursive Prozesse ein. Wenn aber Koryphäen anderer Fachgebiete wie Philosophie, Hirnforschung oder Psychotherapie sich mal eben dazu herablassen, Lehrkräften erklären zu wollen, wie es gemacht werden müsse (qualifiziert dadurch, als Elternteil ein Kind durchs Gymnasium geschleust zu haben), so machen schlaue Lehrer*innen den Fensterladen zu. Aus gutem Grund!

5.2.1 Von den Alternativen zum populistischen Poltern

Schade eigentlich! Auch Populisten haben vermutlich achtenswerte Motive für ihr Handeln. Offensichtlich glauben sie, es sei sinnvoll, so wie sie es machen, in die Schule hineinzuwirken. Die Form, wie sie es gestalten, zeigt aus der Sicht des systemischen Pädagogen wenig Gespür für erfolgreiche Veränderungsprozesse. Denn die Lehrkräfte, denen ich bei meiner Tätigkeit als Berater von Schulen bei der vielfaltsgerechten Unterrichtsentwicklung begegne, fühlen sich durch das populistische Auftreten nicht ernst genommen mit ihren beruflichen Schwierigkeiten, die sie erleben. Daher ist die Bereitschaft gering, die Botschaften aufzunehmen und in das eigene Denken zu integrieren.

Warum ist das so? Personen wie Precht, Winterhoff, Hüter oder Hüther missbrauchen den Einfluss, den sie im Feld ihrer Kernkompetenz aufgebaut haben. Sie sind dort vielleicht anerkannte Größen, die sich in ihrer Szene als Sprachrohre ihrer Fachdisziplin bewegen dürfen. Wenn es aber um die Gestaltung schulischen Lernens geht, schrumpfen alle diese Größen aus Sicht einer Lehrkraft an einer deutschen Schule auf die Bedeutung jedes anderen Teilnehmenden am schulischen Diskurs zurück, der sich über die Schule von heute aufregt, weil sein Kind dort nicht so gefördert wird, wie er sich das wünscht. In der medialen Öffentlichkeit erhalten solche Personen dagegen einen Raum, als seien sie ausgewiesene Experten für Schulentwicklung. Das passt nicht und erzeugt Ablehnung.

Sind also nicht die Populisten, sondern die Medien schuld an der Problematik? Schließlich hat Richard David Precht doch das Recht, seine Vision von guter Schule zur Sprache zu bringen, wenn er danach gefragt wird.

Meine Antwort ist: Ja und nein – beide sind verantwortlich, wenn Populismus die Entwicklung hemmt. Beide Seiten erliegen gemeinsam der populistischen Verführung: Sowohl der Medienmensch, der einem Populisten medial mehr Raum gibt als ihm von dessen pädagogischer Kompetenz zuzumessen ist. Ebenso Populisten, die der Verführung erliegen, über Dinge mit einem fachlichen Anspruch zu sprechen, den sie zwar in ihrem Kernbereich beanspruchen können, der ihnen aber nicht im Bereich der Pädagogik zukommt. Precht hat sicher das Recht zu sprechen, wenn er darum gebeten wird. Doch die Frage an den Philosophen Precht ist, ob es wohl vernünftig ist, wenn er das tut, bezogen auf Lernen und Schule.

Bei schulinternen Lehrerfortbildungen würde ich als Moderator Herrn Precht nicht zu Wort kommen lassen. Es gibt viel adressatengerechtere Medienbeispiele von Pädagog*innen, bei denen auch Lehrkräfte sofort spüren, dass diese das Feld kennen, von dem sie sprechen. Zum Beispiel Oskar Negt mit: *Schule ist keine Insel.*[101]

Wer Lehrkräfte anregen, begleiten und unterstützen will, sich der Herausforderung der Weiterentwicklung der eigenen Schule zu stellen, muss vor allem das Vertrauen der Menschen im jeweiligen System erwerben. So lange die dort arbeitenden Lehrer*innen ihre Impulsgeber*innen von außen nicht als kompetent ansehen, kommen auch die besten Anregungen nicht an. Solange in den Köpfen des Kollegiums die defizitorientierte Interpretation populistischer Prediger widerhallt, ist es ungemein schwer, als Externer das Vertrauen zu gewinnen. Populisten erzeugen Blockaden im Denken derjenigen, die Entwicklung anregen wollen.

5.2.2 Meine Lösung für den Umgang mit dem Problem

Ich persönlich hadere vor allem mit Precht. Als Lehrer für (praktische) Philosophie verdanke ich ihm unschätzbar viele und gute Anregungen für die Gestaltung philosophischen Lernens mit Jugendlichen. Daher möchte ich dem Mann nicht Unrecht tun. Also zeige ich, wenn nach langem Diskutieren und der Erörterung von skeptischen Argumenten die tatsächliche Arbeit an der Veränderung von Unterricht an einer Schule Fahrt aufnimmt, dort auch mal ein Video von und mit Precht.

Aus dem laufenden Prozess der Entwicklung heraus wird den Beteiligten deutlich, dass die vom Kollegium eingeschlagene Richtung und die Visionen von Precht durchaus miteinander verträglich sind. »*Warum hat der Mann das nicht gleich so erklärt, dass wir das von Anfang an verstanden haben?*« fragen sich die Kolleg*innen. Ich wende dann ein: »*Das kennen Sie doch aus ihrem Unterricht: Sie erklären etwas, aber die Schüler*innen kommen nicht mit!*« Ja, stimmt, das Phänomen kennt wohl jede Lehrerin und jeder Lehrer. Das kommt hier bei uns in der Schule noch viel zu oft vor! Das ist der eigentliche Anlass, Unterrichtsentwicklung zu betreiben. Gibt es vielleicht Alternativen, die solche Störungen im Lernprozess gar nicht erst aufkommen lassen?

Meinem Erleben nach benötigen Personen, die als Externe in der Entwicklung von Schulen fruchtbar wirken wollen, viel Geduld dabei, das Vertrauen in ihre Kompetenzen als Prozessbegleiter zu stiften. In jeder neuen Schule, in der ich auftauche, werde ich abgeklopft: »*Hat der Kerl überhaupt Erfahrungen damit, als Lehrer unter solchen Bedingungen zu arbeiten, wie wir das haben?*« »*Verabsolutiert er seine Theorie oder ist sein Wissen mit unserem Wissen über schulisches*

Lernen verträglich?« »Agiert er loyal zu unserem Kollegium oder ist er ein heimlicher Agent der Schulaufsicht?«

Wenn diese kritischen Fragen zur Zufriedenheit der überwiegenden Mehrheit von Lehrer*innen einer Schule geklärt sind, ist die erste Hürde einer gedeihlichen Entwicklung genommen. Dann kommt die zweite ebenso große Hürde: Zu klären, ob die Lehrkräfte der Schule lernfähige Menschen sind, für die es sich – auf mittlere Sicht gesehen – lohnt, sich den Mühen des gemeinsamen Entwickelns veränderter Lehrerkompetenzen zu stellen, in der Erwartung, dass am Ende eine bessere Schule dabei herauskommt?

Wie schön wäre es, wenn in der öffentlichen Diskussion statt der Populisten Pädagog*innen zu Wort kämen! Wenn sie gelingende Beispiele für solche Prozesse so aufbereiten, dass Lehrkräfte dazu verlockt werden, ihre Visionen vom glückenden schulischen Lernen zu formulieren. Wenn die Medien darüber berichten, wie solche Schulen vorgehen, um ihr Kompetenzprofil visionsgemäß zu entwickeln und innovatives Lernen in heterogenen Lerngruppen langsam aber sicher in die Tat umzusetzen!

6 Alternativen zum pädagogischen Populismus

Wir kritisieren den Populismus in der Pädagogik und zeigen am Beispiel der Schule als Bildungseinrichtung dessen zerstörerische Wirkung. Doch den Menschen, die populistisch auftreten, zollen wir Respekt. Wir verstehen uns als Pädagog*innen, die den Auftrag haben, entwicklungsfördernd zu wirken. Auch bei den zitierten Populisten in der Pädagogik erkennen wir den guten Willen – sie irren sich aber unserer Auffassung nach. Daher bieten wir hier, als Abschluss der Betrachtung, ebenfalls am Beispiel der Bildungseinrichtung Schule, alternative Zugänge für schulfremde Personen an, konstruktiv Veränderungsprozesse zu unterstützen.

6.1 Der Druck auf die Schule, heterogenitätsgerecht und inklusiv zu werden

Es ist offensichtlich, dass das 2-Formen-System deutscher Schulen, die parallele Existenz des gegliederten Systems mit dem Flaggschiff Gymnasium auf der einen Seite und der Schulformen des gemeinsamen Lernens aller Kinder (Gesamtschule) andererseits in einem unlösbaren Konflikt verhakt sind: Die Gesamtschule braucht, um ihre schulformspezifisch mögliche Bildungswirkung zu erzielen, auch das Klientel der Schüler*innen, die das Gymnasium anzieht – ansonsten ist sie keine Schule des »gemeinsamen Lernens aller Jugendlichen«. Mit dem Absterben der niederrangigeren gegliederten Schulformen findet das Gymnasium keine Abnehmer mehr für die Jugendlichen, die es aufnimmt, die aber im Laufe ihrer Jugend nicht das Potential für die gymnasiale Oberstufe entfalten können. Es muss sich daher de facto deutlich heterogenitätsgerecht aufstellen: Entweder senkt es seine Qualitätsanforderungen auf ein Mittelmaß ab oder aber es arbeitet mit binnendifferenzierenden und binnen-inklusiven Lernformen – dabei wird es aber in praxi zur Gesamtschule.

Es wird wohl kaum jemand bestreiten, dass im theoretischen Systemvergleich »gegliedertes Schulwesen« vs. »Schule des gemeinsamen Lernens« das gegliederte System erhebliche Nachteile hat: Die gegebene Vielfalt eines Schüler-Jahrgangs, der nach der Grundschule in die Sekundarstufe I wechselt wird im gegliederten System durch Segregation (›Trennung nach Leistung‹) zu bewältigen versucht. Die Absicht dahinter ist, in den so gebildeten Schulen relativ homogene Lerngruppen zu bilden. In diesen wird mit Unterrichtskonzepten gearbeitet, die durch Gleichschritt der Lernprozesse, durch deutliche Lehrerzentrierung des Unterrichts und durch die Bedrohung der ›nicht funktionierenden‹ Jugendlichen mit Aussonderung aus der Lerngruppe gekennzeichnet sind. Diese Struktur des Schulwesens mag von zweihundert Jahren fortschrittlich und vor hundert Jahren »Stand der Technik« gewesen sein. Heute zeigt die empirische pädagogische Forschung, dass irrt, wer glaubt, nach der Grundschulzeit ließen sich Kinder leistungsgerecht trennen. Homogenitätsorientierte Lernformen erweisen sich wenig effizient und verführen zur Senkung des Niveaus des Lernangebots. Ein vollständiges gegliedertes Schulsystem (Hauptschule, Realschule, Gymnasium) kann nur bei hohen Schülerzahlen funktionieren. Zudem belastet der »Schulwechsel nach unten« das Selbstwertgefühl der Jugendlichen, die in den Schulen des gegliederten Systems scheitern.

Nüchterne Analyse spricht klar gegen das gegliederte Schulwesen, auch gegen dessen Flaggschiff Gymnasium. Dennoch ist das System nach wie vor existent und populär. Dafür gibt es einen wichtigen Grund – jenseits eines pauschalen Verdachts des Verhaftet-Seins in der Vergangenheit und nebulösen Spekulationen, das ›kapitalistische Wirtschaftssystem‹ verhindere die Abkehr vom Trennungsdenken: Die Alternative des integrierten Systems funktioniert von ihrer generell zu erkennenden Bildungsqualität her in vielen Fällen auch nicht besser als das gegliederte System. Viele Gesamt- und Sekundarschulen setzen die gleichen Lehr- und Lernstrategien ein, die schon unter den Bedingungen des gegliederten Systems wenig wirksam sind. Wächst im integrierten System die Heterogenität gegenüber dem gegliederten System, so fällt bei den veralteten Lernkonzepten die Qualität des Unterrichts sogar noch hinter die des gegliederten Systems zurück.

Die Inklusions-Herausforderung hat das Dilemma verstärkt: Die Furcht vor geringer Wirksamkeit des Lernens an integrierten Schulformen ist durch Meldungen aus Einrichtungen, die Chaos signalisierten, eher stärker als schwächer geworden. Solche Schulen haben sich unter politischem Druck gezwungen gefühlt, sich an Inklusion mit ungeeigneten pädagogischen Strategien heranzuwagen und dabei vielfältig Misserfolgserlebnisse gesammelt. So wird die aus theoretisch-pädagogischer Sicht kaum bestreitbare höhere Lernwirksamkeit von Schulen des gemeinsamen Lernens in den landespolitischen und vielerorts in den kommunalpolitischen Realitäten leider nicht erlebt.

6.2 Schulen brauchen Unterstützung, wenn sie sich inklusiv entwickeln wollen

Hier stößt systemische innere Schulentwicklung an eine Grenze. Ohne eine die einzelne Schule stützende öffentlich – politische Debatte kommt auch die engagierteste Schule nicht weiter. Das ist die »Marktlücke«, in der sich Populisten tummeln. Richtig und wichtig ist, wenn dort Expert*innen öffentlich das Wort ergreifen, aber nicht, indem sie Schulen belehren, wie sie es besser machen können. Sondern indem sie beharrlich darauf insistieren, dass in unserem grundsätzlich durch das strukturelle Dilemma gekennzeichneten Schulsystem die einzelne Schule bestmögliche Förderung bei der Selbstentwicklung bedarf. Heterogenitätsgerechte und inklusive Möglichkeiten der individuellen Entwicklung – das braucht nicht nur jede Schülerin und jeder Schüler in der Lerngruppe, sondern auch jede Schule, die täglich harte Arbeit leistet.

Eltern erleben die Qualität der jeweiligen Schule. Sie wählen diejenige für ihre Kinder an, die sich vor Ort als wirksam herausschält. Im kommunalpolitischen Diskurs wird daraus die politische Forderung nach Stärkung, Gründung oder Wandlung von Schulen. Dieser Prozess stimuliert Aktivitäten der Entwicklung von Schulqualität. Wer Schulentwicklung beeinflussen will, muss also die Bedingungen dafür stiften, dass innere Qualitätsentwicklung der Schule (›Unterrichtsqualität‹; ›Qualität der von der Schule ermöglichten Lern- und Bildungsprozesse‹) vorangetrieben wird. Wichtig ist, dass das für alle Schulen vor Ort in gleichem Maße gilt: Wenn Schulen in diesem Sinne »Mitbewerber« sind, so erfordert es das Neutralitätsprinzip, dass alle Schulen vergleichbare Entwicklungschancen bekommen.

6.3 Beteiligungsmöglichkeiten für nicht-populistische Unterstützende bei der Entwicklung von Schulen

Es bedarf keiner populistischen Werbekampagnen für die Etablierung mehr oder weniger schriller Alternativen. Das Wissen über wirksame Gestaltung von Schulen des gemeinsamen Lernens ist genauso wie das Wissen darüber bereits vorhanden, wie Schulen in die Lage versetzt werden können, als erfolgreiche Schulen des gemeinsamen Lernens zu arbeiten. Die Herausforderung der Pädagogik ist nun, dieses Wissen auf breiter Ebene in Lehrer*innen-kompetenzen umzusetzen. Ein paar Eckpunkte sollen hier skizziert werden.

Wichtig ist vor allem, dass – entgegen landläufiger Ansicht – die wesentlichen pädagogischen Fragen der erfolgreichen Gestaltung von Lernen in Schulen des »gemeinsamen und inklusiven Arbeitens« längst gelöst sind. Selbstverständlich wird es auch in dieser Hinsicht weitere Entwicklungen geben. Aber es bleibt festzustellen:

- Es gibt erfolgreiche Konzeptionen für Schulen des gemeinsamen Lernens. Wir haben in Deutschland etliche Schulen, die solche Konzepte in beeindruckender Weise voll-inklusiv umsetzen. Es geht also, die Schulkonzeption ist »marktreif«.

- Wenn eine Schule die Gelingens-Elemente dieser erfolgreichen Schulen des gemeinsamen Lernens aufgreift und entsprechend arbeitet, ist sie einer Schule des gegliederten Systems in jeder Hinsicht mindestens gleichwertig, in vieler Hinsicht sogar deutlich überlegen.
- Materiell erfordern erfolgreiche Schulen des gemeinsamen Lernens nicht (viel) mehr Aufwand als die Schulen des gegliederten Systems. Die Annahmen, man brauche kleinere Klassen und/oder zwei Lehrpersonen für jede Lerngruppe, sind irrig (so argumentiert nur jemand, der sich vom Trennungsdenken des gegliederten Systems noch nicht gelöst hat und die Stärke von Selbststeuerung beim Lernen nicht kennt). Damit spreche ich nicht dagegen, mehr Geld in Bildung zu stecken! Aber wenn, dann für andere Dinge als für die Verkleinerung von Lerngruppen!
- Es ist (nur noch) das Problem zu lösen, alle Beteiligten zu gewinnen, entsprechend pädagogisch arbeiten zu lernen. Das zu stimulieren ist die Aufgabe der Menschen, die Bildungspolitik betreiben! Die Aufforderung immer wieder zu artikulieren, kann auch gerne von Experten anderer Disziplinen als der Pädagogik kommen.
- Für die Ebene der politischen Akteure ist es hilfreich, Schulen als »selbsterzeugende« und autonome Systeme aufzufassen. Die schulischen Systeme existieren ohne strukturelle Kopplung von den Systemen der politischen Willensbildung. Die Setzungen und Reize, die die politischen Systeme (und auch die Ebene der Schulaufsicht und der Schulträger) aussenden, gehören zu den Rahmenbedingungen, innerhalb sich die jeweiligen schulischen Systeme (die Einzelschulen) bewegen. Man kann sich einzelne Schulen als »soziale Subjekte« vorstellen. Sie konstruieren in ihrem Inneren eine eigene systemspezifische Identität, die das Agieren der Schule maßgeblich bestimmt (Luhmann hat diese Effekte schön beschrieben).
- Die Ausbildung der inneren Identität des »systemischen Subjekts« ist nicht durch Weisungen steuerbar. Weisungen – gerade in Beamtenstrukturen weit verbreitete Mittel der versuchten Einflussnahme – sind aus der Sicht des Systems nur einige von vielen äußeren Reizen, die im System wahrgenommen werden. Sie gehören damit zur »Außenwelt« des Systems. Ob und wie diese Reize ausgewertet werden, entscheidet die Schule letztlich selbst und relativ autonom.
- Die Systemik postuliert, dass im Inneren des Systems ständig Prozesse der »Sinnkonstruktion« der Beteiligten ablaufen. Das tatsächliche Agieren des Systems wird wesentlich vom Ausgang der Sinnkonstruktions-Prozesse bestimmt. Umfeld-Reize nehmen die Menschen im System sehr wohl wahr. Sie werden vor dem Hintergrund der sich in der Geschichte des Systems ausgebildeten Systemidentität ausgewertet. Über deren Interpretation, also was aus Sicht von Systembeteiligten sinnvoll erscheint zu tun, entscheiden sie selbst.

- Das »operative Geschäft« des Systems wird vor allem vom gewohnheitsmäßigen Handeln bestimmt – ständig über Sinn oder Unsinn des eigenen Agierens nachzudenken wäre viel zu aufwendig. Sinnkonstruktion, insbesondere die Revision von Sinnkonstruktionen im Sinne von »neuem Denken«, lenkt ab und stört das operative Geschäft, wenn sie ungeordnet abläuft. Das gilt vor allem für die zentrale Frage des Nachdenkens über die Qualität der eigenen Arbeit des Systems. Selbst wenn Mitglieder des Systems »eigentlich« klar erkennen, dass Lernprozesse (Wandlungsprozesse) notwendig sind, entscheiden sie sich oft, lieber weiterzumachen wie bisher, um das operative Geschäft nicht zu gefährden.
- Langer Rede kurzer Sinn: Ob eine Schule sich ändern will, entscheidet sie selbst. Durch Systemreize von außen kann sie gebremst oder angeregt werden – je nachdem, wie geschickt man es anfängt. Zu Qualitätsentwicklung kommt es dann und nur dann, wenn sich die Schule selbst in einen (auf die benötigten Lehrer*innenkompetenzen hin) ausgelegten Lernmodus versetzt. Sie gelingt, wenn die Schule ihre Lernaktivitäten – bei allen Widrigkeiten des Lernprozesses – nachhaltig verfolgt. (vgl. Entwicklung von Lehrerkompetenzen nach dem TE4I-Modell[102]). Dazu muss die Schule befähigt werden.
- Wesentliche Lernfelder für die an der Schule tätigen Personen sind
  a) Der Wandel der individuellen Haltung vom »Lernen durch Lehren durch Lehrpersonen« zum »Lernen durch Stiftung eigentätigen Handelns der Lernenden«.
  b) Der Wandel vom »Einzelkämpfer-Verständnis« der an Schulen tätigen Personen zu einem teammäßig wohlstrukturiertem Modell der gemeinsamen »Produktion und Umsetzung« des schulischen Lernangebotes.
- Die politischen Ebenen (Landespolitik, Kommunalpolitik) sind (neben den Eltern der Schüler*innen) Auftraggeber von Schulen. Wenn diese Akteure bestimmte Formen des Lernens[103] anstreben,
  a) so setzen sie zunächst darauf bzw. wirken darauf hin, dass die in der einzelnen Schule tätigen Personen die Zielsetzungen als sinnvoll und als erreichbar ansehen,
  b) und schaffen dann Rahmenbedingungen für die Schulen, die die erforderlichen innersystemischen Lernprozesse unterstützen bzw. fördern,
  c) die die Schulen (mit guter Begründung) anfordern bzw. ausschöpfen können.
- Bedeutsam dabei ist, dass die Akteure von außen die entsprechenden Überzeugungen verkörpern[104]. Hilfreich ist, wenn sie Modelle für achtsamen Umgang mit dem System abgeben, auf das sie Einfluss nehmen wollen. Förderlich ist also, wenn sie gerade *nicht populistisch agieren, sondern wertschätzend umgehen* mit den pädagogischen Praktiker*innen, auf die sie stoßen, wenn sie sich »in das pädagogische Feld« begeben. Dort treten sie zurückhaltend auf. Gerne dürfen sie ihr Feedback und ihre externe Perspektive als Unter-

stützung anbieten. So etwas erfolgt am besten in geregelten Formen; also wird das ›wie‹ in Zielvereinbarungen mit Schulen umgesetzt.
- Die Vermittlung von beratender Unterstützung durch Dritte als Gegenmittel gegen die Gefahr der stets drohenden Verunsicherung lernender Menschen beim Prozess des »Versuch und Irrtum« gilt als Gelingens-Element. Personale Unterstützung, die sich moderierend in den Prozess der Kompetenzentwicklung der Schule einbringen kann, steigert die Chance, dass systemisches Lernen gelingt. *Schule braucht von außen, aus der Wissenschaft, kreative Köpfe, die so agieren.* Sie braucht *Kritische Freunde, keine populistischen Polterer.*

Aus den entwicklungstheoretischen Überlegungen ergibt sich eine Antwort auf die modifizierte Fragestellung: Schulen brauchen Anregungen zur und Unterstützung bei der inneren Entwicklung. Eine Entwicklung, die von den Kolleg*innen selbst vollzogen wird. Die Verantwortung dafür übernimmt die einzelne Schule. Kriterium des Gelingens sind die Stärkung der Akzeptanz der Schule vor Ort durch die Eltern (also der Kundschaft oder potenziellen Kundschaft) und die wachsende Überzeugung der bildungspolitischen Akteure damit eine gute Qualität des Bildungsangebotes erreichen und halten zu können. Für Externe gibt es dabei Nischen und Winkel, aus denen heraus sie behutsam und hilfreich in schulische Systeme hineinwirken können.

Ausblick

Und nun? Das pädagogische Feld den Populisten zu überlassen, wäre blauäugig, denn die Hoffnung, das Phänomen würde sich von selbst erledigen, wird derzeit durch nichts gestützt. Eher könnte sich eine ähnliche Dynamik wie beim politischen Populismus andeuten. Ausgrenzung von Andersdenkenden ist immer der Weg, der in Emotionalisierung, Fatalisierung und letzten Endes zu gegenseitiger Sprachlosigkeit führt. Gesprochen wird dann aber weiterhin in den ›In-Zirkeln‹, die die ›Weisheit gepachtet‹ haben.

Die Erziehungswissenschaft sollte ein Interesse daran haben, eine Sachdiskussion und einen öffentlichen Diskurs zu gesellschaftlich strittigen Themen öffentlichkeitswirksam und differenziert zu führen, wenn sie verhindern will, dass populistisch vereinfachende Sichtweisen durch die Hintertür Grundlage von politischem Handeln werden.

Mit Blick auf die Menschen an der ›pädagogischen Handlungsfront‹ (Erzieher*innen, Schüler*innen, Lehrer*innen…) könnte man durchaus geneigt sein, gegenüber den Vertreter*innen der erziehungswissenschaftlichen Theorie ein wenig moralisch zu werden: Wer, wenn nicht Sie…?

Unter dem Blickwinkel möglicher pädagogischer Perspektiven – also mit Blick auf die Praxis – haben wir zuletzt zwei Gedanken skizziert:

- Der erste bezieht sich auf den Umgang mit eindimensionalen Gedanken und verengten Ableitungen, also populistischem Agieren,
- der zweite auf die Bedingungen von Schulentwicklung und was diese befördert oder hemmt.

Ersterer nimmt die Verfahren Flitners auf und hebt darauf ab, dass ein anderer Umgang durch die – nennen wir sie vereinfachend – Praktiker und Theoretiker der Pädagogik mit den Populisten angestrebt werden kann.

Gemeint ist mit dieser Unterscheidung, dass pädagogisch Handelnde selbstverständlich auch einen theoretischen Hintergrund zu ihrer Tätigkeit haben und als skeptische Projektionsfläche ihrer Aktivitäten in ständiger Reflektion anwenden, aber eben vorrangig in Handlungssituationen agieren müssen.

Die Theoretiker interagieren auch pädagogisch, zum Beispiel in der universitären Lehre, haben aber ihren Schwerpunkt in der Forschung zu pädagogischen Theorien, Prozessen und Institutionen und deren öffentlicher Darstellung.

Die Praktiker*innen, hier sind insbesondere Lehrer*innen betroffen, die bei einigen Populisten schon eine Menge ›abbekommen‹, könnten eine professionelle Haltung gegenüber Kritik einnehmen, die zwischen Personen- und Institutionen-Kritik differenziert und sich diesen ›Schuh gar nicht erst anzieht‹, sondern auf die enthaltende Institutionen-Kritik antwortet, die oft allerdings personalisiert daherkommt. Jede Möglichkeit, hier Emotionen herauszunehmen, kann nur der Sache dienen.

Lehrer*innen gelten als nicht besonders kritikfähig[105], vielleicht kann mit der Auflösung dieses Vorurteils auch die Auflösung von antiquierten, gleichwohl verbreiteten Rollenvorstellungen einhergehen.

Die alte Sehnsucht der Praktiker*innen nach umfänglich harmonischen Lösungen kann im beruflichen Umfeld der Lehrenden ebenso wenig eingelöst werden wie im Berufsfeld des Traktorenbauers, des Bauingenieurs oder der Politikerin.

Dass sie bleibt und Sisyphos besonders leidet, wird von den Populisten zum Teil mit Ausflügen in Eskapismus befördert, was eher geeignet ist, das Alltagsleiden zu verschärfen. Statt hier Anhänger von *Heilsversprechen* zu werden, wäre es dienlicher – beiden: den Menschen und der Sache – Rollenklärungen zu betreiben und psychische Unterstützung einzuholen. Dass die Ausübung des Lehrberufs keine Supervision vorsieht – wie es sich für diese Berufsgruppe genauso gehören würde wie für Psychologen –, ist mindestens bedauerlich. Viele Schulen lösen diesen Missstand auf, indem sie vertrauensvoll zusammenarbeitende Teams bilden, die eine Feedback-Kultur entwickeln und u. U. Beratung von außen einholen.

Generell ist das Einzelkämpfertum von Lehrer*innen seit langem an seine Grenzen gestoßen, wird von vielen Bildungsinstitutionen durch die Institutionalisierung von solchen Teamstrukturen ersetzt, führt aber in vielen Ecken der Republik noch ein Randdasein mit immensem Imageschaden für den Lehrberuf. Die gegenseitige Vorbereitungs-Entlastung, das gemeinsame Schaffen einer für Schüler*innen wiedererkennbaren erzieherischen Konsistenz, erzeugen – auch als psychosoziales Unterstützungssystem – eine berufliche Identität, die eher vor persönlichen und emotionalen Reaktionen auf Kritik bewahrt.

In der Beratungspraxis zeigt sich, dass pädagogisch Tätige, besonders in leitenden Positionen von Schulen, sich mehr undogmatische Einmischung durch Erziehungswissenschaft in den öffentlichen Diskurs wünschen, denn zwischen die Fronten der politisch folgenden Umsetzungen geraten oftmals – die Ausführenden!

Das Verfahren im Sinne Flitners wäre hier, jeweils die Dichotomien aufzufüllen, die oft einem populistisch eindimensionalen Agieren zugrunde liegen. Zum Beispiel wäre die angeprangerte *Kuschelpädagogik* – so ergänzt – nichts anderes als die Anreicherung von rigiden Leistungsanforderungen durch pädagogische Aspekte, wie Empathie und Eingehen auf die Bedürfnisse von Kindern, und dann als *Leistungsförderung* besonders erfolgreich. Dieser Begriff zum Beispiel wurde (nicht nur) politisch ge- und missbraucht und hat Systeme, die um kindgerechtes Lernen und eine positive Lernumgebung gerungen haben, immer mal wieder sehr behindert. Wir sehen hier eine Verpflichtung der pädagogischen Disziplin, sich öffentlich einzumischen, denn die Praktiker*innen sind mit ihrem Engagement vor Ort – gerade an Reformschulen – oft hochgradig ausgelastet.

Besser als ein beweihräucherter Vortrag von Michael Hüter in der Leopoldina, der dort durchaus schöne und wahre Worte über zum Beispiel das Vater-Kind-Verhältnis sagt, wären abwägende Darstellungen und lebendige Auseinandersetzungen zur Entwicklung der schulpolitischen Lage, zur Realität der pädagogisch Handelnden, in der diese eine Rolle spielen, eine Stimme haben. Das geschieht, aber das geschieht zu wenig und wird von populistischen Stimmen übertönt. Unsere politisch Handelnden halten sich hier für kompetent – und die Fachwissenschaft schweigt oft dazu oder wird nicht gehört.

- »Kuschelei, Kindgerechtigkeit, Hirn und Output« nennt Reichenbach (Reichenbach 2014) in ironischer Verkürzung die zentralen Aspekte populistischer Schulkritik. In dieser Verengung liegt natürlich schon massive Kritik an den zu kurz gesprungenen Begründungszusammenhängen, aber auch die dahinterstehende Haltung wird deutlich. Die Neigung der Fachwissenschaft, solche Ansätze nicht besonders ernst zu nehmen, könnte sich rächen und die ohnehin schneckenhafte Entwicklung unserer Bildungssysteme weiterhin ausbremsen.
  Nehmen wir die Populisten doch einfach ernst und diskutieren mit Hüter in der Leopoldina darüber, was geschieht, wenn die gesamte Erziehung in die Familien (Unschooling) gegeben wird, wie er es fordert. Angesichts der derzeitigen Ereignisse während der Pandemie kann man nur sagen: Der Mann und damit die Öffentlichkeit brauchen dringend kompetente Einwände und Antworten!
- Den zweiten Gedanken entfaltet ein Praktiker ›durch und durch‹ (in oben skizzierter Weise ist er damit auch ein Theoretiker). Michael Wildt argumentiert aus der Sicht der pädagogischen Tätigkeit und Beratungspraxis und erklärt, dass das Agieren der Populisten bis in die innere Schulentwicklung störend wirkt.
  Unstimmigkeiten durch einseitig informierte Eltern können auftreten, die den pädagogischen *Gurus* unter Umständen mehr trauen als den Lehrer*innen ihrer Kinder. Ein derart gestörtes Vertrauensverhältnis zwischen Betreibern/Weiterentwicklern eines Systems und deren Nutzer*innen kann einigermaßen toxisch wirken.
  Schulen brauchen für ihre Weiterentwicklung Anregungen von außen, aber die Autonomie des Handelns bleibt beim einzelnen System. Das Set von schulkritischen Ansätzen bei Precht, der Gedanke der kindgerechten Anregung, der neurologisch günstigen Aufbereitung, der Überwachung der Lernerfolge durch Outputkontrollen, alles sind unter Umständen Aspekte der Weiterentwicklung eines Systems, werden aber von dessen Mitgliedern als

relevant oder eben nicht zum Konzept passend ausgewählt und sind wegen der ausschließenden Argumentation der Populisten ungeeignet, eine offene Diskussion über den nächsten Weiterentwicklungsschritt zu führen.
Das ist schade, denn der eine oder andere Gedanke könnte hilfreich sein, aber der Umgang der Populisten – Wildt nennt sie ›Polterer‹ – mit den Praktiker*innen kann beim besten Willen nicht als wertschätzend bezeichnet werden; nur dann jedoch gelänge ein möglicher Einstieg in einen Diskurs. Dieser wird von Seiten der Populisten vorab aufgekündigt, aber die Profis auf der pädagogischen Seite könnten in Ausübung ihrer Profession schlauer sein und den Dialog öffentlichkeitwirksam weiterführen, den Fachjournalisten beginnen. Es nützt nichts, wenn der medialen Entlarvung eines Populisten keine ebenso öffentlichkeitwirksame Diskussion mit klaren Stellungnahmen der Erziehungswissenschaft folgt.

Nach Abschluss dieses Buches, sozusagen während der Endredaktion, liefert (wir wären geneigt zu sagen: das gute alte öffentlich-rechtliche) Fernsehen eine Dokumentation[106] zu den Praktiken des Psychiaters Winterhoff. Was wir zu dem Schulkritiker Winterhoff zu sagen haben, haben wir in diesem Buch gesagt und auf die Dokumentation von Nicole Rosenbach wenige Tage nach der Veröffentlichung medial reagiert.[107]

Was also leistet an dieser Stelle das (langsame) Printmedium im Vergleich zum Internet? Es bleibt! Es wird erneut hervorgeholt, wenn sich Lesende Gedanken machen zum Beispiel zu der Frage: Was geschieht in der Folge, wenn ein »Scharlatan« (Wartburg) entlarvt wurde?

Zunächst läuft derselbe Mechanismus ab, mit dem Winterhoff so souverän gespielt hat: Reaktionen auf einen (tatsächlichen oder vermeintlichen) Skandal in allen Zeitungen, im Internet, in Diskussionsforen.

Die Suche nach schuldhaft Beteiligten an der Beförderung der Popularität von Winterhoff wird im Film selbst eröffnet mit dem mutigen Bekenntnis: »Und wir Medien haben ihn groß gemacht.«

Das funktioniert natürlich nur, wenn der „groß zu Machende" ein gesellschaftlich vorhandenes Bedürfnis bedient. Hier unter anderem offenbar das nach einfachen und legitimierenden Antworten in einer postautoritären und gleichfalls postantiautoritären Kultur. Die Irritation durch narzisstische Strukturen bis in die Chefetagen der Politik, durch fehlende Rahmung von Erziehungsprozessen trifft auf die verborgenen Sehnsüchte derjenigen, die die komplexen Antworten der Erziehungswissenschaft schon lange für unzulänglich gehalten haben.

Schon wieder: Und nun? Lernen aus dem Muster und die Konsequenzen ziehen. Das Muster ist: Ein Schulkritiker, der nicht ›vom Fach‹ ist, zieht seine Reputation aus einem anderen Bereich (Philosophie, Neurologie, Psychiatrie, Geschichtswissenschaft) und wildert lautstark in Distrikten gesellschaftlicher Ratlosigkeit.

Was geschieht nun, wenn ihm die Reputation durch öffentliche Kritik entzogen wird? Gibt es Antworten der Erziehungswissenschaft, die geeignet sind, das Muster der Populisten öffentlich zu machen? Gibt es Antworten, die die Menschen in der Erziehungspraxis erreichen? Wir haben dazu ein paar Vorschläge gemacht (s. Flitner).

Oder zieht gerade wieder eine Chance zum öffentlichen pädagogischen Diskurs an uns vorüber?

Anhang

Zu Kapitel 2:

Untersuchte Videos von:

Michael Winterhoff: Schwerpunkt	1) Markus Lanz – 23.05.2019 – Dr. Michael Winterhoff, Psychiater: Deutschland verdummt! – 5 Kommentare ➔ www.gloria.tv/post/XzeQaYLeHhXG19cwM3F6iQ9Pk Zusatz: 2) Psychiater Dr. Michael Winterhoff Diagnostiziert eine Bildungskatastrophe | SWR1 Leute – Deutschland verdummt! – 593 Kommenare ➔ www.youtube.com/watch?v=l8OrgS3lAK8 3) »Deutschland verdummt« – Pädagogik zum Gruseln; 1079 Kommentare ➔ www.zeit.de/gesellschaft/schule/2019 – 05/deutschland – verdummt – michael – winterhoff – bildungssystem – paedagogik – kinder/seite – 2
Michael Hüter: Schwerpunkt	1) Michael Hüter – » Evolution durch Liebe« 40 Kommentare ➔ https://www.y-outube.com/watch?v=rp_7wS3XnPM&t=219s 2) KenFM im Gespräch mit: Michael Hüter (»Kindheit 6.7: Ein Manifest«) – 296 Kommentare ➔ https://www.youtube.com/watch?v=2zzSoS36crM 3) M – PATHIE – Zu Gast heute: Michael Hüter – Die empathielose Gesellschaft – 255 Kommentare ➔ www.youtube.com/watch?v=TbBgyh_dlt0&fbclid=I-wAR35aKV2FeLQvQrrybisrob8mR9LtveS3dAdWQCBnn-kWU8AVxWxS9FR0QrI

Gerald Hüther: gemäßigt	1) Prof. Dr. Gerald Hüther – Kindererziehung, was Eltern falsch machen besonders – 1 Kommentar ➔ https://www.youtube.com/watch?v=iV9qzPGlGZ0 Zusatz: 2) Wenn Kinder zu Objekten werden – Interview mit Prof. Dr. Gerald Hüther – 22 Kommentare ➔ https://www.youtube.com/watch?v=iCDdbPoHQhA
Richard David Precht: gemäßigt	1) PARADOX 16 — Richard David Precht: »Bildung versus Wissen« (Kommentare deaktiviert) ➔ https://www.youtube.com/watch?v=on – O5v3UcBk Zusatz: 2) Richard David Precht: Vergesst das Wissen! | Sternstunde Philosophie | SRF Kultur, 644 Kommentare ➔ https://www.youtube.com/watch?v=Gewb3 – DUlJs
Harald Lesch: gemäßigt	1) Unser Schulsystem ist Mist! | Harald Lesch – 12775 Kommentare ➔ https://www.youtube.com/watch?v= – q0Sm8Kldn0

Eigene negative Erfahrungen mit dem Bildungssystem:

- »Bin auch ›alter‹ Sek I-Lehrer und mache hier in ländlicher Gegend die gleichen Erfahrungen. Wenn die Kinder merken, dass der oder die da vorne wegen ihnen morgens kommt, dann entwickeln manche eine gewisse Motivation. Viele Kinder sind aber nicht beziehungsfähig. Die Gründe dafür werden von Winterhoff ja angesprochen.«

Wirtschaftlichkeit der Bildung:

- »Der schulische Druck ist zu hoch«
- »Schulsystem trimmt zu sehr auf Leistung, wir nehmen uns zu wenig Zeit für die Kinder«
- »Winterhoff hat recht: Hauptschule wurde zur Realschule fusioniert, die Zusammenfassung heißt jetzt Realschule, ursprünglich waren sowohl Realschule als auch Gymnasium unerwünscht, alles hätte zur Gemeinschaftsschule fusioniert werden sollen. Danke, Herr Dr. Winterhoff! Leider erkennen Sie die Probleme ganz genau und nennen Sie beim Namen! Ich hoffe, Sie finden mehr und mehr Gehör!«

Die Verärgerung:

- »Ich kann gar nicht genug Danke sagen, auch wenn das Thema verdammt weh tut !!!!!«
- »Immer wieder unfassbar.... Ich stimme ihm in jeglicher Hinsicht zu 100 % zu«
- »Herzlichen Dank für dieses Video ! Die Elite weiß wie es geht ! Kinder werden zerstört um die Menschen besser zu manipulieren !!! Passt auf die Kinder auf bitte !!!«
- »wer nicht in das System passt, wird als krank abgestempelt«
- »mentale Vergewaltigung de Kinder«

Misstrauen gegenüber der Bildungspolitik:

- »unser schulsystem ist perfekt, perfekt dafür um aus einem kreativen fröhlichen kind einen abgestumpften Arbeiter zu machen der schön treudoof alles macht und nichts hinterfragt«
- »...aber die wollen Arbeiter, keine Persönlichkeiten.«
- »Bildung wird auf die Schulen der Eliten verlagert, die um so leichter über die Ungebildeten herrschen können.«
- »Haben wir denn noch eine wirkliche Mittelschicht?« (Kommentator*in fühlt sich offensichtlich nicht als Teil der Mittelschicht)
- »Wollen denn die Kultusminister denn wirklich , dass sich die Kinder positiv entwickeln? Als ehemaliger Lehrer habe ich da begründete Zweifel.«
- »Wer in D Zustände kritisiert, wird von den Mächtigen grundsätzlich ad hominem diffamiert. Anscheinend ist hier alles toll! Alla gut! Hurra!«

Umdenken ist gefragt:

- »Es braucht ein neues Gesellschaftssystem«
- »Die ganze Gesellschaft ist halt verkackt.«

Endlich sagt es mal jemand!:

- »schön zu wissen, dass man mit seinen werten nicht alleine ist, danke herr huether«
- »toller und kompetenter Mann, ich bin begeistert!«
- »Da kann man wirklich Nichts mehr hinzufügen! Außer eines: Danke für die ehrlichen Worte«
- »Herr Lesch bringt Empathy und Intelligenz zusammen«

- »Ich finde diese Vorträge von Herrn Winterhoff so spannend und aufgeklärt«
- »Mein Gefühl/ meine Gedanken so konkret zusammen gefasst«
- »Spricht die Zentralprobleme der Gesellschaft an.«
- »Der Mann gefällt mir! Deutliche Worte! Aufgehorcht, so ist es!«
- »Ich habe selten eindringlichere und berührender Worte gehört.«

Charismatisches Auftreten:

- »Es ist unfassbar: Precht schafft es flüssig, eindeutig, unmissverständlich und kompakt die Dinge zu formulieren, keine auswendig gelernten Sätze«
- »Precht ist wirklich ein Mensch, der vieles erklären kann, damit der ›Normalo‹ dies verstehen kann.«
- »tief beeindruckt und berührt!«
- »Ganz großes Kino!«
- »Ich bin so begeistert von dem Interview, trotzdem muss ich verärgert auf meine eigene Kindheit zurückblicken«
- »Ich bin geschockt«

Literaturverzeichnis

Adorno, Theodor W. (1969). »Tabus über den Lehrberuf Vortrag von 1965«. In: Adorno, Theodor W.: *Stichworte. Kritische Modelle 2.* Frankfurt/M.: Suhrkamp, S. 68-64.

Andresen, Sabine. 2007. »Das Problem der Grundlosigkeit als Provokation der Pädagogik«. In: Ricken 2007, S. 137-158.

Benner, D. (Hrsg.). 2007. *Bildungsstandards. Kontroversen – Beispiele – Perspektiven.* Paderborn: Schöningh.

Bernfeld, Siegfried. 2006. *Sisyphos oder die Grenzen der Erziehung.* 10. Auflage. Frankfurt a. M.: Suhrkamp Taschenbuch Wissenschaft 2006. (Erstausgabe Leipzig/Wien/Zürich: Internationaler Psychoanalytischer Verlag 1925).

Brumlik, Micha/Merkens, Hans (Hrsg.) 2007. *Bildung. Macht. Gesellschaft. Beiträge zum 20. Kongress der Deutschen Gesellschaft für Erziehungswissenschaft.* Opladen u. Farmington Hills: Verlag Barbara Budrich.

Burchardt, Matthias. 30.08.13. Expertendämmerung; http://bildung-wissen.eu/kommentare/expertendaemmerung.html [letzter Abruf am 03.06.2021].

Cohn, Ruth. 1994. *Von der Psychoanalyse zur themenzentrierten Interaktion.* Neuauflage. 12. Aufl., Stuttgart: Klett-Cotta.

Czerny, Sabine. 2010. *Was wir unseren Kindern in der Schule antun. ... und wie wir das ändern können.* München: Südwest Verlag.

Flitner, Andreas. 2000. *Konrad, sprach die Frau Mama... Über Erziehung und Nicht-Erziehung.* 10. Aufl., München: Piper. (1. Aufl., Berlin: Severin und Siedler 1982).

Forster, Michael N. (2017). »Kritik«. In: *Bonner Enzyklopädie der Globalität.* Wiesbaden: Springer VS, https://doi.org/10.1007/978-3-658-13819-6_36, S. 455-465.

Funke, Hajo/Nakschabandi, Walid. 2017. *Deutschland. Die herausgeforderte Demokratie.* Frankfurt am Main: S. Fischer Verlag.

Funke, Hajo/Mudra, Christiane. 2018. *Die AFD: Ressentiments, Regimewechsel und völkische Radikale. Handreichungen zum demokratischen Widerstand.* Hamburg: VSA-Verlag.

Girnth, Heiko. 2011. »Sprache und Politik.« In: *Bundeszentrale für politische Bildung. Dossier. Sprache und Politik.* Bonn, S. 6-11; https://www.bpb.de/politik/grundfragen/sprache-und-politik/ und https://m.bpb.de/system/files/pdf_pdflib/pdflib-42676.pdf [letzter Abruf 03.06.2021].

Henry-Huthmacher, Christine/ Hoffmann, Elisabeth. 2016. *Ausbildungsreife& Studierfähigkeit.* Eine Veröffentlichung der Konrad-Adenauer-Stiftung e.V.; https://www.kas.de/c/document_library/get_file?uuid=ec1762cf-4191-596a-5163-3357c553d3ff&groupId=252038; [letzter Abruf 31.08.2020].

Heid, Helmut. 2007. »Was vermag die Standardisierung wünschenswerter Lernoutputs zur Qualitätsverbesserung des Bildungswesens beizutragen?«. In: D. Benner (Hrsg.), Bildungsstandards. Kontroversen – Beispiele – Perspektiven. Paderborn: Schöningh, S. 29-48.

Hüter, Michael. 2014. Krieg gegen Väter. Das Drama eines Scheidungskindes. Melk an der Donau: Kral Verlag.

Hüter, Michael. 2018. Kindheit 6.7 – Ein Manifest. Melk an der Donau: Edition Liberi & Mundo.

Hüter, Michael. 01.12.2019. »Evolution durch Liebe«. Vortrag Leopoldina. SeimutigTV; https://www.youtube.com/watch?v=rp_7wS3XnPM&t=219s [letzter Abruf am 31.08.2020]

Hüter, Michael. 2019. *M – PATHIE – Zu Gast heute: Michael Hüter – Die empathielose Gesellschaft.* KenFM. https://www.youtube.com/watch?v=TbBgyh_dlt0 [letzter Abruf am 31.08.2020]

Hüter, Michael. 2019a. *Schule macht Kinder krank! – Kindheitsforscher Michael Hüter im Gespräch.* Der fehlende Part; https://www.youtube.com/watch?v=Fui_2JUmU2A [letzter Abruf: 31.08.2020].

Hüter, Michael. 2020. *Ich will zu dir! Trennungskinder, Muttervergiftung, Staatsterror*. Leipzig: Edition Liberi & Mundo.

Hüther, Gerald. 2012. *Jedes Kind ist hoch begabt: Die angeborenen Talente unserer Kinder und was wir aus ihnen machen*. München: Albrecht Knaus Verlag.

Hüther, Gerald. 2015. *Wenn Kinder zu Objekten werden – Interview mit Prof. Dr. Gerald Hüther*, Stiftung Zu-Wendung für Kinder; https://www.youtube.com/watch?v=iCDdbPoHQhA [letzter Abruf am 01.08.2020].

Hüther, Gerald. 2016. *Mit Freude lernen – ein Leben lang*. Göttingen: Vandenhoeck & Ruprecht:

Hüther, Gerald. 2016a. *Prof. Dr. Gerald Hüther – Kindererziehung, was Eltern besonders falsch machen*. Freidenken. https://www.youtube.com/watch?v=iV9qzPGlGZ0 [letzter Abruf am 01.08.2020].

Hüther, Gerald/Stern, André. 2019. *Was schenken wir unseren Kindern? Eine Entscheidungshilfe*. München: Penguin Verlag.

Hüther, Gerald/Heinrich, Marcell/Senf, Mitsch. 2020. *#Education For Future. Bildung für ein gelingendes Leben*. München: Goldmann Verlag.

Kästner, Erich. 1995. *Gedichte*. 6. Auflage. (Nachdruck Atrium Verlag, Zürich).

Kaube, Jürgen. 2007. »Die Profession der Lehrer und die Konstruktion der Pädagogik in den Medien«. In: Ricken 2007, S. 185-198.

Kaube, Jürgen. 2019. *Ist die Schule zu blöd für unsere Kinder?*. Berlin: Rowohlt Berlin Verlag.

Lesch, Harald. 21.09.2016. Unser Schulsystem ist Mist!; https://www.youtube.com/watch?v=-q0Sm8Kldn0 [letzter Abruf am: 01.08.2020].

Lesch, Harald/Forstner, Ursula. 2020. *Wie Bildung gelingt. Ein Gespräch. Die Ursachen der Bildungskrise und Impulse für eine Bildungsreform. Argumente für eine wichtige Gesellschaftsdebatte mit den Thesen von Alfred North Whitehead*. Darmstadt: wbg Theiss.

maiLab. 2020. »Impressum«; https://www.youtube.com/c/maiLab/about, [letzter Abruf 28.09.2020].

Müller, Jan-Werner. 2020. *Was ist Populismus?, Ein Essay*. 6. Aufl., Berlin (Sonderdruck nach der Originalausgabe von 2016: Berlin: Suhrkamp).

Münch, Richard. 2018. *Der bildungsindustrielle Komplex – Schule und Unterricht im Wettbewerbsstaat*. Weinheim: Beltz Juventa.

Niemann, Heidi. 13.04.2013. »ADHS-Forscher Gerald Hüther. Wirbel um Alm-Projekt.« In: *Der Norden*; https://www.haz.de/Nachrichten/Der-Norden/Uebersicht/Wirbel-um-Alm-Projekt.

Niemeyer, Christian. 2021. *Schwarzbuch Neue/Alte Rechte. Glossen, Essays, Lexikon. Mit Online-Materialien*. Weinheim: Beltz Juventa.

Novotny, Rudolf. 10.07.2013. »Pädagoge Jesper Juul. Der Familienflüsterer«. In: *Frankfurter Rundschau*; https://www.fr.de/panorama/familienfluesterer-11661119.html [Zugriff 22.05.2021]

Oelkers, Jürgen (Hrsg.). 2014. *Das Selbstverständnis der Erziehungswissenschaft: Geschichte und Gegenwart. Zeitschrift für Pädagogik* (Beiheft 60). Weinheim; u.a.: Beltz Juventa, S. 226-240.

Precht, Richard David. 2014. *Richard David Precht: Vergesst das Wissen! | Sternstunde Philosophie*. SRF Kultur, urn:srf:video:98d24fcc-21be-46e0-aeb0-f0fd53427ba9#:~:text=Richard%20David%20Precht%20ist%20ein,Wirtschaft%20und%20%C3%BCber%20wahre%20Bildung [letzter Abruf am 01.08.2020].

Precht, Richard David. 2015 (1. Aufl. 2013). Anna, die Schule und der liebe Gott: Der Verrat des Bildungssystems an unseren Kindern. München: Goldmann Verlag.

Precht, Richard David. 2016. PARADOX Conference – Bildung versus Wissen; https://www.youtube.com/watch?v=on-O5v3UcBk [letzter Abruf am 01.08.2020].

Rat für Kulturelle Bildung. 2019. Jugend/YouTube/Kulturelle Bildung/Horizont 2019; https://www.rat-kulturelle-bildung.de/fileadmin/user_upload/pdf/Studie_YouTube_Webversion_final.pdf [letzter Abruf 28.09.2020].

Reichenbach, Roland. 2003. »Pädagogischer Kitsch«. In: *Zeitschrift für Pädagogik* 49.6, S. 775-789.

Reichenbach, Roland. 2014. »Schulkritik. Eine ›metaphorologische‹ Betrachtung. In: Fatke, Reinhard/Oelkers, Jürgen (Hrsg.): *Das Selbstverständnis der Erziehungswissenschaft: Geschichte und Gegenwart*. Weinheim; u.a.: Beltz Juventa, S. 226-240.

Reinhold, Gerd/Pollak, Guido/Heim, Helmut. 1999. *Pädagogik-Lexikon.* München/Wien: R. Oldenbourg Verlag.

Ricken, Norbert (Hrsg.). 2007. *Über die Verachtung der Pädagogik, Analysen – Materialien –Perspektiven.* 1. Auf., Wiesbaden: VS Verlag für Sozialwissenschaften. https://doi.org/10.1007/978-3-531-90737-6

Ricken, Norbert. 2007a. »Über die Verachtung der Pädagogik, Eine Einführung.« In: Ricken 2007, S. 15-43.

Rieger-Ladich, Markus. 2007. »Akzeptanzkrisen und Anerkennungsdefizite: Die Erziehungswissenschaft als subalterne Disziplin«. In: Ricken 2007, S. 164-182.

Rutschky, Katharina (Hrsg. u. Einl.). 1977. *Schwarze Pädagogik. Quellen zur Naturgeschichte der bürgerlichen Erziehung.* Frankfurt am Main/Berlin/Wien: Ullstein.

Schmid, Michaela. 2011. *Erziehungsratgeber und Erziehungswissenschaft. Zur Theorie-Praxis-Problematik populärpädagogischer Schriften.* Bad Heilbrunn: Klinkhardt.

Simon, Fritz B. 2019. *Anleitung zum Populismus oder: Ergreifen Sie die Macht!.* Heidelberg: Carl-Auer Verlag.

Spiewak, Martin. 29.08.2013. »Die Stunde der Propheten.« In: Zeit Online (36); https://www.zeit.de/2013/36/bildung-schulrevolution-bestsellerautoren [letzter Aufruf am 03.06.2021].

Spiewak, Martin. 01.06.2019. »Deutschland verdummt« – Pädagogik zum Gruseln. In: Zeit Online; https://www.zeit.de/gesellschaft/schule/2019-05/deutschland-verdummt-michael-winterhoff-bildungssystem-paedagogik-kinder [letzter Abruf am 03.06.2021].

Spiewak Martin. 16.09.2020. »Für mehr Verstand«. In: Zeit online; https://www.zeit.de/2020/39/schulpolitik-bildungsrat-kultusminister-bundeslaender-reform [letzter Abruf am 03.06.2021].

Straßner, Erich. 2012. *Ideologie – Sprache – Politik. Grundfragen ihres Zusammenhangs.* Berlin/New York: De Gruyter.

Strittmatter, Kai. 2018. *Die Neuerfindung der Diktatur. Wie China den digitalen Überwachungsstaat aufbaut und uns damit herausfordert.* München: Piper.

Tenorth, H.-E. 1989. »Deutsche Erziehungswissenschaft im frühen 20. Jahrhundert. Aspekte ihrer historisch-sozialen Konstitution. In: Zedler, P./ König, E. (Hrsg.): *Rekonstruktionen pädagogischer Wissenschaftsgeschichte. Fallstudien, Ansätze, Perspektiven.* Weinheim: Beltz Juventus, S. 117-140.

Unzeitig, Doris. 2019. *Eine Lehrerin sieht Rot: Mini – Machos, Kultur – Clash, Gewalt in der Schule und das Versagen der Politik.* Kulmbach: Plassen Verlag.

Vehrkamp, Robert/Merkel, Wolfgang. 2020. *Populismusbarometer 2020: Populistische Einstellungen bei Wählern und Nichtwählern in Deutschland 2020*; https://www.bertelsmann-stiftung.de/fileadmin/files/BSt/Bibliothek/Doi_Publikationen/ZD_Studie_Populismusbarometer_2020.pdf

Wartburg, Roger von. 2013/14. »Im Zeitalter der Scharlatane: Hüther, Precht, Fratton & Co. bei Lichte besehen.« In: lvb inform, S. 13-27; https://www.lvb.ch/docs/magazin/2013-2014/02-November/13_inform1314-02-Im_Zeitalter_der_Scharlatane.pdf [letzter Aufruf am 03.06.2021].

Winkler, Michael. 1982. Stichworte zur Antipädagogik. Elemente einer historisch-systematischen Kritik. Stuttgart: Klett-Cotta.

Winterhoff, Michael. 2014. *Dr. Michael Winterhoff: In den Schulen ist Land unter*; BildungsTV. https://www.youtube.com/watch?v=91V_cS6j8TE [letzter Abruf am 31.08.2020].

Winterhoff, Michael. 2013. *Lasst Kinder wieder Kinder sein! Oder: Die Rückkehr zur Intuition.* Gütersloh: Gütersloher Verlagshaus.

Winterhoff, Michael. 2015. *SOS Kinderseele. Was die emotionale und soziale Entwicklung unserer Kinder gefährdet – und was wir dagegen tun können.* München: C. Bertelsmann Verlag.

Winterhoff, Michael. 12.08.2015. Verlagsgruppe RandomHouse GmbH. *Michael Winterhoff: Mythos Überforderung*; https://www.youtube.com/watch?v=hmgkvz7ZXos [letzter Abruf am 01.08.2020].

Winterhoff, Michael. 2017. *Die Wiederentdeckung der Kindheit. Wie wir unsere Kinder glücklich und lebenstüchtig machen*. Gütersloh: Gütersloher Verlagshaus.
Winterhoff, Michael. 2017a. *Mythos Überforderung. Was wir gewinnen, wenn wir uns erwachsen verhalten*. Gütersloh: Gütersloher Verlagshaus.
Winterhoff, Michael. o.J. [2019]. *Deutschland verdummt. Wie das Bildungssystem die Zukunft unserer Kinder verbaut*. Gütersloh: Gütersloher Verlagshaus.
Winterhoff, Michael. 23.05.2019. *Markus Lanz – Dr. Michael Winterhoff, Psychiater – Deutschland verdummt!*. Gloria.TV. https://gloria.tv/post/XzeQaYLeHhXG19cwM3F6iQ9Pk [letzter Abruf: 31.08.2020].
Winterhoff, Michael. 2019. *Diagnostiziert eine Bildungskatastrophe – Psychiater Dr. Michael Winterhoff*. SWR 1 Leute.; https://www.youtube.com/watch?v=l8OrgS3lAK8 [letzter Abruf: 31.08.2020].
Zehnder, Matthias. 2017. *Die Aufmerksamkeitsfalle, Wie die Medien zu Populismus führen*. Basel: Zytglogge.

Anmerkungen

1 Zur Arbeit des Instituts vgl. die Homepage des IfpB Münster/Berlin http://www.ifpb-muenster.de/.

2 Denn anders als die *Apologie* oder die platonischen Dialoge, die das uns prägende, positive Bild von Sokrates zeichnen, ist Aristophanes' Komödie ihm gegen über sehr kritisch. Die Handlung des Stückes stellt sich (u. a.) der bis heute wichtigen Frage, welche Werte und Kompetenzen für ein erfolgreiches Agieren in der Gesellschaft wichtig sind. Strepsiades, der sich in dem soziokulturellen Milieu der Polis Athen (im 5. Jh. v. Chr.; die Zeit, die wir heute ›klassisch‹ nennen) unwohl fühlt, hat ein riesiges Problem: Der Termin, an dem er einen Kredit zurückzahlen muss, – einen Kredit, den er aufnehmen musste, weil sein Sohn das Geld z. B. für Pferderennen oder einen teuren Wagen verprasst, rückt bedrohlich näher. Er will nun seinen Sohn in der »Denkerei« des Sokrates ausbilden lassen. Denn er hat erfahren, dass man(n) dort zwei »Logiken« (Logos in seinem Doppelsinn von Rede und Lehre) lernen könne – eine bessere, gerechte, und eine schlechtere, ungerechte. Der Sohn soll nun die ungerechte Logik lernen, damit Strepsiades vor Gericht die Prozesse gegen die Gläubiger gewinnen kann (110-117). Zu Inhalt und Aufbau der Komödie vgl. z. B. http://www.philo.uni-saarland.de/people/analytic/strobach/alteseite/veranst/platon/wolken.pdf [19.04.2021].

3 Verursacht von dem durch Zoonose entstandenen Virus Sars-Cov-2.

4 Nicht nur aufgrund der anthropologischen Konstante des Ringens um die richtige Kindererziehung.

5 Während in unserer Gegenwart populistische Regierungsführungen wie in den USA, Brasilien, Großbritannien, Polen etc. mit ihren politischen Entscheidungen Millionen Tote zu verantworten haben.

6 Wie jetzt. Vgl. Auflistung gegenwärtiger Kriege und Schlachten des 21. Jh. z. B. bei Wikipedia: https://de.wikipedia.org/wiki/Liste_von_Kriegen_und_Schlachten_im_21._Jahrhundert https://de.wikipedia.org/wiki/Liste_von_Kriegen_und_Schlachten_im_21._Jahrhundert [Stand: 18.04.21].

7 »*Historia magistra vitae* [*est*]« (»Geschichte ist die Lehrmeisterin des Lebens«), ist eine Formulierung Ciceros in *De oratore/Über den Redner*, II.36. Cicero lässt Antonius (ja genau, *der* Antonius, der mit Kleopatra …) in *De Oratore* ab II.35 sagen: »Dem Redner kommt es zu, wenn Rat erteilt werden soll, über die wichtigsten Angelegenheiten seine Ansicht mit Würde zu entwickeln; ihm gleichfalls, ein Volk, wenn es sich schlaff zeigt, anzufeuern, wenn es zügellos ist, in Schranken zu halten; durch dieselbe Geschicklichkeit wird dem Verbrechen der Menschen Verderben und der Unschuld Sicherheit bereitet.« Siehe dazu auch Koselleck 2017 [1989], S. 38-66. *Historia magistra vitae* drückt das Prinzip aus, dass aus der Geschichte Lehren zu ziehen sind, um Fehler zu vermeiden. Der Geschichtstheoretiker und -philosoph Jörn Rüsen nennt diese Form des historischen Denkens daher exemplarisch. Vgl. dazu die jüngste seiner vielen Publikationen zu diesem Thema Rüsen 2020, S. 78f. Weitere Literatur ist auf seiner Homepage zu finden: http://www.joern-ruesen.de/html/schriften.html [18.04.2021]).

8 Vgl. http://www.eu-info.de/leben-wohnen-eu/6509/6896/6897/8091/ [14.04.2021].

9 Strenggenommen könnte man/frau meinen, hier beschimpfe ein Maulesel das andere Langohr-Maultier, denn auch ich stelle die Kompetenz der Autoren Precht, Hüther, Hüter, Winterhoff über die Probleme gegenwärtiger Probleme der Pädagogik zu schreiben und zu

sprechen in Frage ohne jedoch selbst über eine formale Ausbildung in Philosophie, Neurochemie oder -biologie, Kinderpsychologie etc. zu verfügen.

10 Ich verwende diesen Begriff im Sinne von Erving Goffman. (Goffman 1974) Die deutsche Übersetzung ›Rahmenanalyse‹ verkürzt die Vielschichtigkeit und Transdisziplinarität des von ihm entwickelten sozio-kognitiven Konzepts der *frame analysis* m. E. so dramatisch, dass dieser Terminus in wissenschaftlichen Kontexten unübersetzbar ist. Ich verwende daher *frame, framing* grundsätzlich in der Goffmann'schen Definition). *Frames* sind demnach Interpretationsschemata, die es dem Einzelnen als Organisationsprinzip für Alltagserfahrungen ermöglichen, soziale Vorkommnisse und Ereignisse zu kategorisieren und zu interpretieren.

11 Vgl. Platon, Apologie

12 Vgl. https://www.duden.de/rechtschreibung/Populismus [22.04.2021].

13 Spier 2014: »Was versteht man unter ›Populismus‹«, https://www.bpb.de/politik/extremismus/rechtspopulismus/192118/was-versteht-man-unter-populismus 25.09.2014 [Zugriff am 22.04.2021]. Ebensowenig, lässt sich hinzufügen, der Begriff pais (παις), von dem sich ›Pädagogik‹ (gr. παιδαγωγική [τέχνη], in Umschrift: paidagōgikḗ [téchnē] Kunst/Handwerk der Führung von Knaben etc.) ableitet, und je nach Kontext Kind, Junge, Sohn, Lehrling oder jugendlicher Sklave meinen kann.

14 Andreas Flitner. 1982. Konrad, sprach die Frau Mama…Über Erziehung und Nicht-Erziehung, München: Piper.

15 Erich Kästner: »Herr Kästner, wo bleibt das Positive? Ja, weiß der Teufel, wo das bleibt. […] Ihr wollt euch noch immer nicht dran gewöhnen, gescheit und trotzdem tapfer zu sein.«

16 Vgl. dazu etwa: Mounk 2018; Herles 2015; Simon 2019; Müller 2020; Zehnder 2017.

17 https://www.waz.de/staedte/oberhausen/oberhausen-cdu-chef-wirft-spd-puren-populismus-vor-id228004401.html. [Zuletzt aufgerufen am 18.02.2021]. An diesen, gelegentlich sogar bis ins Komische reichenden gegenseitigen Abwertungen – die Äußerung fiel in einer Stadtratssitzung zum Thema Straßenbaubeiträge, in deren Verlauf die SPD auch noch als »Robin Hood des Bordsteins« bezeichnet wurde – wollen wir uns nicht beteiligen. WAZ vom 27.12.2019.

18 Die Darstellung von Funke, Nakschbandi 2016, *Die herausgeforderte Demokratie,* stellt eine übersichtliche und plausible Herleitung der Gründe dar, wie es dazu kommen konnte, dass unsere Demokratie als von innen und außen bedroht betrachtet werden muss. Der Text *Gäriger Haufen* von Funke, Mudra 2018 hebt auf die Entwicklung der AFD ab und macht den Versuch eines Gegenentwurfes, in dem Erziehung eine nicht unwesentliche Quelle der Hoffnung darstellt: »Erst im Laufe der Jahrzehnte haben sich die Fernwirkungen der Demokratisierung auch in der Pluralisierung der Lebens- und vor allem der Erziehungsstile niederschlagen können. Zu den größten und am wenigsten beachteten Erfolgen dieser gesellschaftlichen Demokratisierung seit den 1960er und 1970er Jahren gehört eine nicht autoritäre Erziehung«, S. 122 f.

19 https://www.bertelsmann-stiftung.de/fileadmin/files/BSt/Bibliothek/Doi_Publikationen/ZD_Studie_Populismusbarometer_2020.pdf [zuletzt aufgerufen am 18.02.2021].

20 »Trendwende im Meinungsklima: Umfang und Intensität populistischer Einstellungen sind stark rückläufig, vor allem in der politischen Mitte. Der abschwellende Populismus bringt die Populisten in die Defensive. Gleichzeitig steigen die Gefahren einer weiteren Radikalisierung am rechten Rand.« Vgl. https://www.bertelsmann-stiftung.de/de/publikationen/publikation/did/einwurf-22020-populismusbarometer-2020-all
[Zugriff am 30.05.2021]

21 Eine Internetrecherche zu Richard David Precht erzielt ungefähr 278.000 Treffer (1,00 Sekunden); Michael Winterhoff 194.000 (0,85 Sekunden); Gerald Hüther ungefähr 510.000 Ergebnisse (0,74 Sekunden); Michael Hüter 3.440 Ergebnisse (0,64 Sekunden) [20.04.2021].
22 Die meist aus der Innensicht von Schule gewonnenen schulkritischen Texte, die wir nicht in unsere Beschreibung aufgenommen haben, weil sie längst nicht so massenhaft verbreitet sind, werden dagegen häufig von Frauen geschrieben.
23 https://www.youtube.com/watch?v=rp_7wS3XnPM [zuletzt am 26.01.2021].
24 Michael Hüter bezeichnet sich als Verleger, ist aber ein typischer Selfpublisher.
25 Die Diskussion, ob es eine Einschränkung der persönlichen Freiheit darstellt, wenn man in China den Tagesspiegel nicht lesen kann, wenn er [China hat...] titelt, sollte an anderer Stelle geführt werden. Kai Strittmatter (2018) hat dazu Kluges gesagt, aber an dieser Stelle ist eine Differenzierung irreführend, weil nicht Thema.
26 Die Mehrzahl der Reaktionen auf die mediale Präsenz der Populisten ist affirmativ und emotional; abwägende Beiträge, die einen Diskurs einleiten könnten, eher selten.
27 R. D. Precht in seiner Philosophiesendung »Precht« am 02.09.12, Gast ist Gerald Hüther.
28 Tagesschau.de vom 22.10.2020, https://www.tagesschau.de/investigativ/monitor/luftfilter-schulen-101.html.
29 Es gibt aber durchaus vermutete Zusammenhänge, wie in Kapitel 5 ausgeführt.
30 Ein vermuteter Zusammenhang zur selbstzweiflerischen Tradition der Pädagogik wird später weiter entfaltet.
31 https://www.facebook.com/watch/?v=10154355949472931, [zuletzt aufgerufen am 28.01.2021].
32 Zitiert wird nach der Taschenbuchausgabe Januar 2015.
33 Carleton Washburne hat in Winnetka, einem Vorort von Chicago, einen pädagogischen Plan durchgeführt. Der Winnetka-Plan berücksichtigt sowohl die Sozialerziehung aber auch die Individualität der Schüler*innen. Daher wird die Arbeitszeit in Einzel- und Gruppenarbeit aufgeteilt. Die Altersklassen werden durch Leistungsgruppen, in denen die Schüler die Freiheit der Wahl ihrer Arbeitsgebiete haben, abgelöst. Lehrer*innen haben nur die Rolle der Helfer*innen. Die Schüler*innen werden nach ihren Leistungen und danach, wie sie sich in die Gemeinschaft integrieren, beurteilt. Vgl. https://de.wikipedia.org/wiki/Winnetka-Plan. [Zugriff zuletzt am 31.05.2021].
34 Burrhus Frederic Skinner, bekannt als B. F. Skinner, war ein US-amerikanischer Psychologe und der prominenteste Vertreter des Behaviorismus in den Vereinigten Staaten. Vgl auch http://www.nasonline.org/member-directory/deceased-members/50391.html [Zugriff am 31.05.2021].
35 https://www.tagesspiegel.de/politik/bildungsfoederalismus-schluss-mit-der-kleinstaaterei-im-schulwesen/20309790.html; [zuletzt aufgerufen am 28.01.2021].
36 Vgl. https://www.zeit.de/2020/39/schulpolitik-bildungsrat-kultusminister-bundeslaender-reform. [zuletzt aufgerufen am 28.01.2021]; Spiewak 2020.
37 https://de.wikipedia.org/wiki/John_Hattie [letzter Zugriff am 19.05.2021] Bekannt geworden ist John Hattie durch die Hattie-Studie, eine Metaanalyse über Metaanalysen, die er in seinem Buch Visible Learning (2009) präsentierte. Er stellte Einflussfaktoren auf Schülerleistungen zusammen und legte dar, dass es weiterhin stark auf die Lehrperson ankomme, ob Schüler in der Schule erfolgreich sind.
38 Vgl. dazu auch Spiewak 2019.
39 Zur Erklärung: Der Hausmeister gehört im Gegensatz zu den vom Bundesland einzustellenden Lehrer*innen zur »sächlichen Ausstattung« einer Schule, die der Schulträger, also zum Beispiel die Kommune, zu leisten hat. Er bleibt beim Gebäude, auch wenn darin die Schulform wechselt.

40 https://www.youtube.com/watch?v=qvPAz6M_bmI [zuletzt aufgerufen 28.01.2021]; https://gloria.tv/post/XzeQaYLeHhXG19cwM3F6iQ9Pk [zuletzt aufgerufen 30.01.2021].

41 Zuletzt aufgerufen am 28.01.2021.

42 Vgl. dazu: Die Stunde der Propheten, Die ZEIT, 29.08.2013.

43 Vgl. z. B.: https://www.facebook.com/pioneersofchange.org/videos/1757066261024683, [zuletzt aufgerufen 17.02.2021].

44 https://www.gerald-huether.de/mediathek/ [zuletzt am 17.02.2021]

45 Z. B. im Rahmen des von der EU-Kommission finanzierten Human Brain Projects https://www.humanbrainproject.eu/en/ [Zugriff 25.05.2021].

46 Vgl. https://hero-society.org/ [Zugriff zuletzt 31.05.2021].

47 »Auch das Gehirn muss, ebenso wie der ganze Organismus und jedes lebende System, sich selbst so organisieren und seine Aktivitäten so gestalten, dass dabei der zweite Hauptsatz der Thermodynamik nicht verletzt wird. Der fordert, dass in jedem lebenden System der zur Aufrechterhaltung seiner Struktur und Funktion erforderliche Energieaufwand so gering wie möglich gehalten wird.« (Hüther 2020, S. 33)

48 Anmoderation der Sendung: Was genau ist gute Bildung? Was brauchen Kinder und Jugendliche, damit das Leben und Zusammenleben im 21. Jahrhundert wirklich gelingt? Unter welchen Voraussetzungen lernt unser Gehirn am besten? Vor allem im digitalen Zeitalter noch dazu in Zeiten einer Pandemie und globaler Umbrüche. Dies kann niemand besser beantworten als Gerald Hüther, Professor der Neurobiologie und Autor zahlreicher Sachbücher mit dem Thema Gehirnentwicklung und Gehirnfunktion. Für ihn hat die Geschichte eines klar gezeigt: »Nichts bleibt so wie es einmal war, ob Pharaonenstaat, Automobilindustrie, oder das aus dem vorherigen Jahrhundert stammende Bildungssystem.« Gerald Hüther fordert Reformen. In seinem Buch »#Education For Future – Bildung für ein gelingendes Leben« erläutert er seine Ansätze für Änderungen in unserem Bildungssystem und fordert ein Umdenken in der Zivilgesellschaft, in unserem Alltag in Familie, Schule und Kindergarten, Nachbarschaft, Kommune und Co. Gerald Hüther ist unter anderem im Vorstand der »gemeinnützigen Akademie zur Potentialentfaltung« und will Eltern, Lehrern und all jenen, denen die Zukunft der jungen Generation am Herzen liegt, Mut machen für neue kreative Wege. [Leider nicht mehr online.]

49 https://www.ndr.de/fernsehen/sendungen/das/Norddeutschland-und-die-Welt,sendung1062408.html. [zuletzt aufgerufen am 02.02.21.]

50 https://www.michael-hueter.org/kindheit_6_7; zuletzt aufgerufen 28.01.2021

51 https://www.gerald-huether.de/ [letzter Zugriff 04.02.2021]. Gerald Hüther weist auf seiner Homepage auf den Leopoldina-Vortag vom 01.12.2021 hin: »Mein Nahezu-Namensvetter hat einen wunderbaren Vortag gehalten, den ich Ihnen ans Herze legen möchte: https://www.youtube.com/watch?v=rp_7wS3XnPM&feature=youtu.be zuletzt aufgerufen am 07.02.2021. Auf seiner Facebookseite (https://www.facebook.com/geraldhuether) postet Hüther am 03.12.2019 diese Empfehlung wortgleich. Dieser Post wurde 620-mal geteilt und 63 Mal kommentiert. [Letzter Zugriff: 05.05.2021].

52 Wobei jedoch die Problematik zu lösen wäre, dass die Definition des Krankenbildes erst 1968 erfolgte. Seither hat sich die Definition und Beschreibung permanent verändert. D. h. allein schon die Datengrundlagen können nicht verglichen werden. Vgl. dazu etwa https://www.barmer.de/blob/69764/0ec0d02441fe29e4e261bfba8c0abd0d/data/gwa-2016-seite-258-279-trends-therapie-adhs.pdf von 2016 [Zugriff 30.05.2021].

53 Der derzeitig laufende große und ungeplante Feldversuch zu Homeschooling wegen Corona muss noch ausgewertet werden. Erste Rückmeldungen weisen allerdings nicht da-

rauf hin, dass die massenhafte Ganztagsbetreuung durch Eltern in der Familie besonders erfolgreich verläuft.

54 Darstellung der Kleinfamilie in der Kunst, z. B. bei Lenbach und Picasso taucht der Vater auf.

55 https://www.youtube.com/watch?v=rp_7wS3XnPM [zuletzt aufgerufen am 28.01.2021].

56 Die verwirrende Beschreibung seiner Familienverhältnisse sind typisch für seine Argumentation.

57 Gemäß Medienberichten vom 28.05.2021 ist der Internetsender KenFM und sein Gründer Ken Jebsen ins Visier des Berliner Verfassungsschutzes geraten, weil der Sender verdächtigt wird, Desinformation und Verschwörungsmythen zu verbreiten und damit die Szene der sog. Querdenker weiter zu radikalisieren. Vgl. https://www.spiegel.de/panorama/justiz/ken-jebsen-berliner-verfassungsschutz-fuehrt-kenfm-offenbar-als-verdachtsfall-a-6258ab55-e3d0-4aae-b1a5-10f822f4257e [Zugriff am 28.05.2021].

58 Zum Beispiel am 02.10.2020: Eine ganze Generation von Kindern wird traumatisiert: »Noch ist es nicht verboten, dass Lehrer sich bilden dürfen«. https://de.rt.com/gesellschaft/107367-kindheitsforscher-michael-huter-ganze-generation/. [Zuletzt aufgerufen am 28.01.2021.] RT, ehemals Russia Today, existiert seit 2005. Der vom russischen Staat finanzierte Auslandsfernsehsender mit Sitz in Moskau hat ein nachrichtenorientiertes Programm. Das deutschsprachige Internetangebot des Senders mit Sitz in einem Fernsehstudio in Berlin-Adlershof startete am 6. November 2014. RT Deutschland hat den Ruf, vor allem Rechte und Verschwörungstheoretiker gezielt in ihrer Meinung zu bestätigen sowie entsprechende Desinformationen (weiter) zu verbreiten.

59 »Befreien wir uns selbst und unsere Kinder von den Weisheiten der sogenannten Erziehungsexperten! Exklusivabdruck aus ›Kindheit 6.7.‹« https://www.rubikon.news/artikel/beziehung-statt-erziehung [zuletzt am 17.02.2021].

60 Jesper Juul, 1948-2019 war ein dänischer Familientherapeut. Vgl. auch Kapitel 3.3.

61 Was an Titeln wie z. B.: Ingrid König, Schule vor dem Kollaps. München: Penguin 2019; Brigitte Biermann, Tod einer Lehrerin: Wie Pädagogen am System Schule zerbrechen. Weinheim/Basel: Beltz 2009; Sabine Czerny, Was wir unseren Kindern in der Schule antun… und wie wir das ändern können. München: Südwest Verlag 2010; Doris Unzeitig, Eine Lehrerin sieht Rot, Mini-Machos, Kultur-Clash, Gewalt in der Schule und das Versagen der Politik. Kulmbach: Plassen Verlag 2019; Katha Strofe, Leaks aus dem Lehrerzimmer, Mein Jahr als Lehrerin an der Grundschule des Grauens. Berlin: Schwarzkopf & Schwarzkopf 2020, deutlich wird.

62 Precht: https://www.youtube.com/watch?v=on-O5v3UcBk Und
https://www.youtube.com/watch?v=Gewb3-DUlJs (644 Kommentare).
Winterhoff: https://gloria.tv/post/XzeQaYLeHhXG19cwM3F6iQ9Pk (5 Kommentare)
https://www.youtube.com/watch?v=l8OrgS3lAK8 (593 Kommentare).
G. Hüther: https://www.youtube.com/watch?v=iV9qzPGlGZ0 (1 Kommentar)
https://www.youtube.com/watch?v=iCDdbPoHQhA (2 Kommentare).
M. Hüter: https://www.youtube.com/watch?v=rp_7wS3XnPM&t=219s (40 Kommentare).

63 Guillaume Chaslot, früher Mitarbeiter bei YouTube, betreibt mit seinem derzeitigen Arbeitgeber Mozilla eine Aufklärungskampagne: YouTube Regrets.

64 https://foundation.mozilla.org/de/campaigns/youtube-regrets/ [zuletzt aufgerufen am 15.02.2021].

65 Carmen Schlucker, Autorin des Kreuzberg-Blogs des Tagesspiegels; Zehnder 2017.

66 https://www.youtube.com/channel/UCyHDQ5C6z1NDmJ4g6SerW8g [zuletzt aufgerufen am 18.02.2021]; https://www.youtube.com/channel/UC5E9-r42JlymhLPnDv2wHuA [zuletzt aufgerufen 18.02.2021].

67 https://www.spiegel.de/kultur/deutscher-sachbuchpreis-2021-faktencheck-von-mai-thi-nguyen-kim-nominiert-a-35f8f570-c217-4b3e-bb27-c4b1903d16bb [06.04.2021]

68 https://www.Auftaktseitetdigitalisierung-bildung.de/2019/09/23/youtube-eine-chance-fuer-die-kulturelle-bildung/ [zuletzt aufgerufen am 15.02.2021]

69 YOUTUBE – EINE CHANCE FÜR DIE KULTURELLE BILDUNG 23. September 2019 / Prof. Dr. Vanessa-Isabelle Reinwand-Weiss, Auftaktseite (s. o.)

70 Matthias Burchardt, Expertendämmerung, http://bildung-wissen.eu/kommentare/expertendaemmerung.html (nach Wartburg 2013/14).

71 Vgl. dazu auch: Klett, David. 04.05.2013 (geändert: 10.12.2017). Popstar Gerald Hüther, Teil II, »Warum ich mich Gerald Hüther nicht (gleich) an die Brust werfe«; https://www.lehrerfreund.de/schule/1s/david-klett-ueber-gerald-huether/4382 [letzter Zugriff 23.05.2021].

72 Ähnlich wie die Soziologie gilt auch die Erziehungswissenschaft in Deutschland als eine »verspätete Disziplin« (Tenorth 1989, S. 121) – und auch sie sieht sich mit der Tatsache konfrontiert, dass jener Gegenstandsbereich, über dessen systematische Reflexion sie sich als unabhängige wissenschaftliche Disziplin doch zu profilieren sucht, längst von anderen Disziplinen – und durchaus nicht ohne Erfolg – bearbeitet wird. (Rieger-Ladich 2007, S. 164).

73 »Es ist dieser eigentümliche Zusammenhang von Begründung und Widerruf, dieses Ineinander von gleichzeitiger Konstruktion und Destruktion der Pädagogik«. Ricken 2007a, S. 19.

74 Die Verachtung der Macht der Schule aber bezieht sich nicht einfach darauf, dass sie die Selektionsfunktion offen ausübte, sondern darauf, dass sie das sozusagen (mit) Widerwillen und mit schlechtem Gewissen tut und dann noch mit dem Wohl der Betroffenen begründet, dass sie also nur eine Macht ausübt, die sie selbst nicht liebt. Lehrerschelte – so ließe sich bündeln – dient dann auch dazu, die systemischen und sozialstrukturellen Widersprüche zu personalisieren (Ricken 2007, S. 34).

75 Jesper Juul, 1948-2019 war ein dänischer Familientherapeut. Rudolf Novotny schrieb als Header zu seinem Artikel über den Pädagogen und Familientherapeuten in der Frankfurter Rundschau vom 10.07.2013: »Die Lehren des Familienflüsterers klingen banal, seine Auftritte brachial. Trotzdem ist der Pädagoge Jesper Juul der Guru engagierter deutscher Eltern. Das hat wenig mit ihm zu tun – und viel mit uns«. https://www.fr.de/panorama/familienfluesterer-11661119.html [Zugriff 22.05.2021]

76 Vgl. dazu auch Niemann, Heidi. 13.04.2013. ADHS-Forscher Gerald Hüther. »Wirbel um Alm-Projekt.« In: Der Norden; https://www.haz.de/Nachrichten/Der-Norden/Uebersicht/Wirbel-um-Alm-Projekt und https://www.adhspedia.de/wiki/Gerald_H%C3%BCther. [Letzter Zugriff am 19.05.2021]. Die Erzdiözese München und Freising, Fachbereich Weltanschauungsfragen. Informationen zu religiösen und weltanschaulichen Strömungen rückt ihn und sein Vorgehen unter dem Titel »Gerald Hüther und die Sinn-Stiftung. Die neurowissenschaftliche Revolution und ihre Kinder« in die Nähe von Verschwörungstheoretikern und Sektengründern. Das erste Resümee lautet: »Die neurowissenschaftliche Forschung hat in den vergangenen Jahrzehnten enorme Erkenntnisfortschritte für viele Bereiche des Lebens hervorgebracht und kann wohl mit Recht als eine der einflussreichen naturwissenschaftlichen Leitdisziplinen bezeichnet werden. Es entspricht unserer ethischen Verpflichtung, im Dienst am Leben […] zugleich sollte auch klar sein, dass das Streben des Menschen nach Verstehen und Begreifen, die Optimierung der Lebensbedingungen kein rein naturwissenschaftlich-technisches Unterfangen ist. Es bedarf immer auch Werturteile und Haltungen, Erfahrung und Intuition. Dies gilt in Erinnerung zu rufen, wo immer man Erkenntnisse aus dem Labor und dem Kernspin für Mensch und Gesellschaft

fruchtbar machen möchte. Eine 1:1 – Übertragung ist nicht möglich – so schön das natürlich wäre und so gerne mancher Wissenschaftler uns das gerne glauben machen möchte.[…] Zweifel gegenüber den Ergebnissen der Forschung bestehen also prinzipiell nicht. Wohl aber erscheint eine kritische Zurückhaltung angebracht, wenn von basalen Aktivitäten in den neuronalen Netzen auf weitreichende Konsequenzen für Bildungskonzepte, letztlich für Gesellschaft, Wirtschaft, Politik und Staat rekurriert wird«; https://www.weltanschauungsfragen.de/informationen/informationen-a-z/informationen-s/sinnstiftung/lange-version/ [Zugriff am 23.05.2021]

77 Siehe auch Wartburg 2013/14, S. 14: »Wissenschaftlich tätig im herkömmlichen Sinn ist er aber seit Langem nicht mehr. Fragt man Göttinger Neurobiologen nach Hüther, so erhält man meist eine von zwei Antworten: ›Die Veröffentlichungen des Kollegen sind mir nicht bekannt‹ oder ›Ist das der aus dem Fernsehen?‹. *Dead wood* nennt man solche Hochschulangehörigen in den USA. Nur selten aber kommt es vor, dass das, was innen als ›totes Holz‹ gilt, nach außen als blühendes Beispiel der Disziplin erscheint. So wird Hüther in der Öffentlichkeit mal als Arzt (Neurologe) vorgestellt, mal als Experte, der ›weltweit zum richtungweisenden Dutzend seines Fachs gehört‹ (manager magazin). Schmunzelnd erinnert sich der Klinikchef […] an Fragen von Bekannten, ob er ›an Herrn Professor Hüthers Klinik‹ arbeite.«

78 »Der Göttinger Neurobiologe Professor Gerald Hüther schien eine Art Patentrezept für die Behandlung des Aufmerksamkeitsdefizit- und Hyperaktivitätssyndroms (ADHS) gefunden zu haben: Kinder mit ADHS-Symptomatik verbringen mehrere Wochen auf einer Alm, wo sie fernab von Schule, Fernsehen und Computer viele neue Erfahrungen sammeln. Diese ›Outdoor‹-Erlebnisse sollen so stark wirken, dass das Kind fortan kein Ritalin mehr braucht. Jetzt ist das medienwirksam vermarktete ›Alm-Projekt‹ in die Negativschlagzeilen geraten: *Bei einem der Aufenthalte soll ein Betreuer einen Jungen missbraucht haben* [Herv. AW] Kritik an dem Projekt gab es indes schon lange vorher, und auch Hüther selbst ist nicht unumstritten. […] Hüther kritisiert die Behandlung mit Ritalin und setzt allein auf erzieherische und psychologische Maßnahmen. Das von ihm konzipierte Alm-Projekt sollte hierfür den Beweis liefern. Hüther prognostizierte, dass der Aufenthalt in der Natur bei den Kindern zu einer ›massiven Nachreifung des Frontalhirns‹ führen werde und diese dann kein Ritalin mehr benötigten. Inzwischen muss er einräumen, dass diverse Kinder auch danach wieder mit Ritalin behandelt wurden. Genauere Angaben gibt es hierzu allerdings nicht, eine wissenschaftliche Evaluation des Projekts hat nie stattgefunden. Bei einer Vortragsveranstaltung im Dezember 2010 in Göttingen, bei der Hüther über die vermeintlichen Erfolge des Projekts berichtete, gab er auf entsprechende Fragen nur ausweichende Antworten. Der jetzt unter Missbrauchsverdacht in Haft sitzende Betreuer, der ebenfalls als Redner auftrat, schwärmte an dem Abend von den ›Wundern‹, die auf der Alm passiert seien – ›ganz viele kleine Wunder‹ [Her. AW]« Niemann, Heidi. 13.04.2013. ADHS-Forscher Gerald Hüther. »Wirbel um Alm-Projekt.« In: Der Norden; https://www.haz.de/Nachrichten/Der-Norden/Uebersicht/Wirbel-um-Alm-Projekt und https://www.adhspedia.de/wiki/Gerald_H%C3%BCther. [Zugriff am 23.05.2019] Derartige Nachrichten und Kritiken wollen vor ›Scheinexperten‹ warnen, tragen jedoch dazu bei, die Narrative der selbsternannten Pädagogen (und ja, es sind nur Männer) weiterzuspinnen: Gerald Hüther ist als Neurochemiker und Neurobiologe qualifiziert, seine Habilitationsschrift von 1986/87 beschäftigte sich mit der Hirnentwicklung bei Hyperphenylalaninaemie (Phenylketonurie) (vgl. http://d-nb.info/880825502). Eine Mit-Beteiligung an einer Studie mit fünf jungen Ratten machen Gerald Hüther jedoch nicht zu einem »ADHS-Forscher«. (Zur Studie siehe: Gunther H. Moll, Sharmila Hause, Eckart Rüther, Aribert Rothenberger, and Gerald Huether: »Early Methylphenidate Administration to Young Rats Causes a Persis-

tent Reduction in the Density of Striatal Dopamine Transporters «. In: Journal of Child and Adolescent Psychopharmacology 11.1 (März 2001), S. 15-24; http://doi.org/10.1089/104454601750143366).

79 Spiewak 2013, S. 2: »Doch das ist den Bildungsrevoluzzern zu wenig. Sie sehen Schulen als ›Dressureinrichtungen‹, wo ›gehorsame Pflichterfüller‹ (Hüther) ausgebildet werden oder ›Kinder Tag für Tag leiden‹ (Juul), sodass man ›einer normalen Mittelschichtsfamilie‹ nicht mehr empfehlen könne, ihr Kind auf eine öffentliche Schule zu schicken (Precht)«. Vgl. zu Hüther auch die folgende Kritik der Erzdiözese München: »Unzufriedene Eltern, belastete Schüler, ratlos-überforderte Lehrer und die verschiedenen Akteure im ideologisch sowieso hoch aufgeladenen Feld der Bildungspolitik nehmen scheinbar gerne die klaren Empfehlungen zur Kenntnis, nicht wenige fordern die darauf gründende radikale Umgestaltung des ganzen Systems. Manches erinnert dabei mehr an Revolution denn an Reform. Jeder Andersdenkende gerät schnell ins Abseits. Ein zentraler Akteur in diesem revolutionären Programm ist der Göttinger Neurobiologe Gerald Hüther, der für eine Vielzahl von Initiativen, Aktionen und Programmen (mit)verantwortlich zeichnet, dabei umtriebig durch die Lande zieht. [...] Wie schon eingangs betont, ist das Schulsystem und sind die Entwicklungen im Bildungsbereich sicherlich reformbedürftig, braucht es vielmehr akzentuierte als auch engagierte Schritte der Veränderung respektive Weiterentwicklung denn vollmundige Versprechen. Aber die Behauptung, Bildung und Schule in Deutschland und Österreich würde nur der Maxime Eintrichtern folgen, ist verzerrend und schlichtweg falsch. Gerade wer sich die Potentialentfaltung und ein humanistisches Konzept auf die Fahne schreibt, sollte anerkennen, dass moderner Unterricht pädagogisch, didaktisch und thematisch keineswegs dem entspricht, was die Sinn-Stiftung und Prof. Dr. Hüther unterstellen. Es mag sein, dass Herr Hüther hier seine persönlichen DDR-Erfahrungen generalisiert und aufarbeitet, aber das heutige Schulsystem führt sicherlich und erst recht nicht zwangsläufig zu Diktatur und Fordismus, sind die Lehrerinnen und Lehrer keine didaktischen Analphabeten, die dressieren mittels Belohnung oder Bestrafung und ansonsten Wissen blindlinks eintrichtern«; https://www.weltanschauungsfragen.de/informationen/informationen-a-z/informationen-s/sinnstiftung/lange-version/ [Zugriff am 23.05.2021].

80 Peter Fratton, Haus des Lernens, Wegbereiter selbständigen Lernens https://www.peter-fratton.ch/?page_id=6 Startseite: »Meine 4 Pädagogischen Urbitten:
Erziehe mich nicht...
Bringe mir nichts bei...
Erkläre mir nicht...
Motiviere mich nicht...« [zuletzt aufgerufen am 18.02.2021].

81 Burchardt, Matthias. 30.08.13. »Expertendämmerung«. In: Gesellschaft für Bildung und Wissen e.V.; https://bildung-wissen.eu/kommentare/expertendaemmerung.html [Zugriff am 26.05.2021].

82 Wartburg 2013/14, S. 14: »Neid- oder Sachdebatte? Man könnte nun dem Verdacht erliegen, derartige Ausführungen zu Hüthers nicht vorhandenem akademischem Renommee seien lediglich auf gekränkte Eitelkeiten von Wissenschaftlern zurückzuführen, die im Vergleich zu Hüther keine öffentlichen Huldigungen erfahren. Dem widerspricht Matthias Burchardt von der Pädagogischen Hochschule Ludwigsburg in aller Deutlichkeit: ›Tatsächlich gewinnen die einschlägigen Experten erheblichen Einfluss auf die öffentliche Meinung und politische Entscheidungsträger, da gehört es sicher zur staatsbürgerlichen Verantwortung des Wissenschaftlers, dafür zu sorgen, dass Diskussionen sachgerecht geführt und Entscheidungen besonnen getroffen werden. [...] Dazu gehört auch das Entlarven von Scharlatanen, die den Nimbus des Akademischen zum Ausweis ihrer Autorität in An-

spruch nehmen, um dann umso leichter auf empirische Belege oder systematische Begründungen verzichten zu können‹.«

83 Metaphorologie ist die historische Wissenschaft von Metaphern, die in der Geschichte der Philosophie als Denkmodelle die Erkenntnis befördert haben.

84 Prof. Dr. Manfred Spitzer studierte Medizin, Psychologie und Philosophie. Er habilitierte sich 1989 für das Fach Psychiatrie. Ab 1997 hat er den Lehrstuhl für Psychiatrie der Universität Ulm inne und leitet die seit 1998 bestehende Psychiatrische Universitätsklinik in Ulm. Er gründete 2004 das ZNL TransferZentrum für Neurowissenschaften und Lernen Ulm an der Universität Ulm, das sich vor allem mit Neurodidaktik beschäftigt. Vgl. https://www.uniklinik-ulm.de/psychiatrie-und-psychotherapie-iii/team/prof-dr-med-dr-phil-manfred-spitzer.html [Letzter Zugriff am 19.05.2021].

85 Zitiert nach Reichenbach 2014, S. 229.

86 Vgl. dazu: Forster 2017.

87 Vgl. Foster 2017, S. 456: »Kant skizziert außerdem in manchen Passagen ein bestimmtes genetisches Modell von Fortschritten in der Metaphysik, die in deren Kritik und Vollendung gipfeln: »Der erste Schritt in Sachen der reinen Vernunft … ist dogmatisch. Der … zweite Schritt ist skeptisch … Nun ist aber noch ein dritter Schritt nötig, … welches nicht die Zensur, sondern Kritik der Vernunft ist. Dieses genetische Modell ist sowohl geschichtlich als auch autobiographisch gemeint.«

88 Spiewak kritisiert ihn immer mal wieder; hier ist der Artikel von 2013 schwerpunktmäßig verarbeitet.

89 Benjamin McLane Spock (1903-1998) war ein US-amerikanischer Kinderarzt und Psychiater, der die Psychoanalyse Sigmund Freuds für die Kindererziehung anwendbar gemacht und popularisiert hat. Eine Sammlung seiner Arbeiten stellt die Bibliothek der University of Syracuse, New York, zur Verfügung: https://library.syr.edu/digital/guides/s/spock_b.htm. [Zugriff 22.05.2021]

90 Dr. Heinrich Hoffmann, ein Frankfurter Arzt und Psychiater, schrieb 1844 für seinen dreijährigen Sohn eine Sammlung von Geschichten von unvorsichtigen oder ungezogenen Kindern, die allesamt drastische Folgen ihres Verhaltens zu spüren bekommen. Ab 1845 erschien der Struwwelpeter als gedrucktes Kinderbuch, wurde in viele Sprachen übersetzt und ist weit verbreitet. Seit den 70er und 80er Jahren gilt er als Beispiel für autoritäre Erziehung und schwarze Pädagogik. Anlässlich des 200. Geburtstags von Heinrich Hoffman, schrieb Angela Gutzeit am 13.06.2009 unter der Überschrift: »Der Struwwelpeter kann ›außerordentlich negativ wirken‹«: »Der ›Struwwelpeter‹ ist seit nun fast 165 Jahren nicht kleinzukriegen. Durch die wechselnden Epochen hindurch mit ihren politischen und auch pädagogisch-ideologischen Gewitterstürmen führt er seitdem eine Schar kindlicher Figuren an – allesamt ungehorsam, zapplig, widerspenstig. Der ›Struwwelpeter‹ ist das erfolgreichste und gleichzeitig umstrittenste Kinderbuch der Welt. Ein echtes Phänomen!« https://www.deutschlandfunk.de/der-struwwelpeter-kann-ausserordentlich-negativ-wirken.1202.de.html?dram:article_id=187878 [Zugriff am 21.05.2021].

91 Heinrich Hoffmann, Der Struwwelpeter, Erstveröffentlichung 1845; Cilly Schmitt-Teichmann, Die Struwwelliese, Erstauflage 1950; Wilhelm Busch, *Max und Moritz*, Erstauflage 1865.

92 Vgl. dazu auch: Reinhold/Pollak/Heim 1999, S. 28.

93 Alice Miller (1923–2010), zitiert in *Am Anfang war Erziehung* (1980) ausführlich aus der Sammlung von Rutschky, übernimmt den Begriff »Schwarze Pädagogik« und unterlegt ihn mit ihren Erfahrungen als Therapeutin und Fallgeschichten aus ihrer Praxis. Vgl. Reinhold/Pollak/Heim 1999, S. 28f.

94 Als Begründer der Antipädagogik gilt Ekkehard von Braunmühl (1940–2020), ein Publizist und Kinderrechtler. Vgl. dazu auch Reinhold/Pollak/Heim 1999, S. 27ff: »Seit Mitte der siebziger Jahre werden die Veränderungen in den Bereichen von Erziehung und Bildung zunehmend skeptisch beurteilt, die in den westlichen Industriegesellschaften mehr als ein Jahrzehnt im Mittelpunkt der öffentlichen Auseinandersetzung und der Aufmerksamkeit des ›sorgenden Staates‹ (de Swaan) standen. Während die Ansprüche etwa der Bildungsreform als nicht einlös bar gelten, entstehen Vorbehalte gegenüber der keineswegs stets intendierten, gleichwohl faktisch eintretenden Ausdehnung und Institutionalisierung professionell erbrachter pädagogischer Dienstleistungen. Sie werden als Ausdruck eines regelnden Zugriffs gesellschaftlicher und politischer Instanzen bewertet, die eine Sozialdisziplinierung durch Eroberung des innerpsychischen Apparats der Individuen zu bewirken suchen. […] Wenngleich sich Vorläufer einer radikalen Ablehnung von Erziehung schon im romantischen Denken des 18. Jahrhunderts finden, verschmelzen doch erst in der Antipädagogik […] der Gegenwart diese Impulse zu einem einheitlichen Programm. In diesem werden zwar Unterricht, besondere Fürsorglichkeit, Schutz und Unterstützung für Kinder keineswegs abgewiesen, doch soll der nur noch als ›Krieg‹ wahrgenommen Erziehung ein Ende bereitet werden. »Studien zur Abschaffung der Erziehung« lautet entsprechend der Untertitel des Schlüsseltextes der Debatte, nämlich des Buches *Antipädagogik*, mit dem Ekkehard von Braunmühl seit 1975 eine größere Öffentlichkeit erreicht.«

95 Dies war etwa die Überzeugung von Alexander S. Neill, 1883–1973, Leiter der demokratischen Schule Summerhill, für den Kinder von Natur aus zwar ›lernwillig‹ seien, deren intrinsischen Lerntrieb jedoch die herkömmliche Schule durch die extrinsische Überreizung im Lehrbetrieb seiner Zeit gelähmt würden. Vgl. auch den Podcast http://cdn-storage.br.de/mir-live/podcast-migration/audio/podcast/import/2008_05/2008_05_02_08_13_08_podcast_radiowissen_summerhill_a.mp3 [Zugriff am 21.05.2021] und die Darstellung seiner Erziehungs-Philosophie auf der Homepage der Summerhill School: http://www.summerhillschool.co.uk/asneill.php [Zugriff am 21.05.2021].

96 »Unter dem etwas altmodischen Wort der ›Behütung‹ haben wir uns dreierlei klargemacht. Das Kind braucht eine psychische Geborgenheit als Grundton seiner notwendig auch disharmonischen Erfahrungen. Es braucht die […] Gewissheit, dass es irgendwo zu Hause ist, dass mindestens ein Mensch für es einsteht und es bedingungslos akzeptiert. […] Behüten heißt zweitens: Das Kind braucht Räume der Erkundung, der Betätigung und der Welterfahrung. […] Sie müssen als Lebensräume für Kinder gewählt« werden. »Und eine dritte Bedeutung meint das Behüten in der geistigen Umwelt.« (Flitner 2000, S. 93f)

97 Siehe dazu: Schmid 2011: Sie betrachtet den zweiten Teil des Textes von Flitners *Konrad, sprach die Frau Mama* als Erziehungsratgeber: »Flitner zweiter Teil, der keine eigene, neue wissenschaftliche Theorie darstellt, sondern vielmehr eine Theorie 2. Grades, also elementarisierte, leicht verständliche Überlegungen über Erziehung, auf der Basis seiner Theorien 1. Grades, gesättigt und durchdrungen von Theorien 3. Grades und in konstruktivem Anschluss an seine Kritik an der Antipädagogik […], kann demnach als Ratgeber angesehen werden.« (Ebd., S. 271)

98 In der Pflege gibt es das als Konzept auch: Personenzentrierte Pflege nach Tom Kitwood wird vor allem bei Demenz- und Alzheimerpatienten eingesetzt. https://www.fachkompetenz-pflege.de/blog-detail/personzentrierter-ansatz-kitwood-revolution-in-der-pflege-von-menschen-mit-demenz.html. Wie sich das Konzept allgemein in der Pflege etablieren lässt, wird derzeit erforscht. Vgl. dazu https://www.uni-wh.de/gesundheit/forschung-an-der-fakultaet-fuer-gesundheit/ [Zugriff: 02.06.2021]. Gemäß des Konzeptes von Rogers wird personenzentriete Kommunikation in Kindergärten eingesetzt. Vgl. https://www.herder.de/kiga-heute/fachbegriffe/personenzentrierte-gespraechsfuehrung/ [Zugriff 23.05.2021].

99 Vgl. dazu auch: Cohn 1994.

100 Doch Systeme sind nicht durch Weisungen steuerbar, sondern nur durch Anregung zur Selbstentwicklung. Unter Covid-19-Bedingungen wird das besonders gut sichtbar, da die Reduktion personaler Nähe auch eine Reduktion personal ausgeübten Paternalismus bewirkt. Aber letztlich ist es immer die Entscheidung des Adressaten einer Botschaft (gemäß Shannons Kommunikationsmodell), ob er sich weisen lassen will (solange keine physische Gewalt im Spiel ist).

101 Vgl. dazu: IfpB, http://blog.pädagogik-der-gegenwart.de/2020/08/23/schule-ist-keine-insel/#more-165. Negt 2016.

102 EU-Programm ›Teachers Education for Inclusion‹, vgl. https://www.european-agency.org/sites/default/files/te4i-profile-of-inclusive-teachers_Profile-of-Inclusive-Teachers-DE.pdf [letzter Zugriff 23.05.2021]

103 So z. B.: Gemeinsames Lernen aller Kinder in einer Schule und Lerngruppe; Inklusion im Sinne des Abbaus von Zugangsbarrieren zu Lernangeboten einzelner Schulen; optimale Ausreizung des individuellen Bildungspotentials aller Kinder; Fähigkeit zum akzeptierenden Umgehen mit kultureller Verschiedenheit, usw.

104 Beispielsweise: Gemeinsames Lernen aller Kinder in heterogenen Lerngruppen ist – wenn es passend gestaltet ist – dem Lernen in homogenen Lerngruppen in fachlicher Hinsicht leicht und in sozialer Hinsicht stark überlegen: Es erhöht also das Selbstwirksamkeits-Erleben, wenn Lehrkräfte sich darauf einlassen, die für die passende Gestaltung erforderlichen Kompetenzen zu entwickeln.

105 Ein alter Spruch sagt: »Lehrer haben vormittags Recht und nachmittags frei.« Dieser von Neid unterlegten Vorstellung, der Umgang mit Jüngeren habe zur Folge, dass man unwidersprochen agieren kann, sollte der ganze Berufsstand öffentlich entgegentreten: durch sachliche, behutsame, keinesfalls beleidigte Auseinandersetzung mit Kritik.

106 www.daserste.de/information/reportage-dokumentation/dokus/videos/warum-kinder-keine-tyrannen-sind-video-100html/ Sendung am 09.08.2021, ARD, 23.15 Uhr [zuletzt aufgerufen am 27.08.2021].

107 http://blog.pädagogik-der-gegenwart.de/2021/08/13/winterhoff-ein-paedagogischer-populist-geraet-unter-beobachtung/

Roberto Simanowski
Digitale Revolution und Bildung
Für eine zukunftsfähige Medienkompetenz
2021, 102 Seiten, broschiert
ISBN: 978-3-7799-6511-4
Auch als E-BOOK erhältlich

Die Erfahrung der Corona-Krise führte zur »Offensive Digitale Schultransformation«, um die junge Generation fit zu machen für die digitale Gesellschaft. Also Fernunterricht auf Dauer, Informatik als Pflichtfach? Das Bildungsministerium offeriert fünf Milliarden Euro für Computer unter der Losung: »Einmaleins und ABC nur noch mit PC«. Ende der Kreidezeit! Aber ist man wirklich schon fit für die Folgen der Digitalisierung, wenn man ihre Medien effektiv nutzt? Ist gegen Hassreden und Emotionalisierung der Diskussion gewappnet, wer Apps programmieren kann? Dieses Buch denkt den »digital citizen« im zivilgesellschaftlichen Sinne. Fit für die Zukunft heißt weniger funktionstüchtig als kritikfähig zu sein. Was wir brauchen, ist mehr Bildung nicht »mit«, sondern »über« und auch »gegen« digitale Medien.